KB188273

웨인 다이어와 아브라함의 대화

우주는
당신의 느낌을
듣는다

CO-CREATING AT IT'S BEST

Copyright © 2014 by Wayne Dyer and Esther Hicks
Originally published in 2014 by Hay House Inc. USA
Tune into Hay House broadcasting at: www.hayhouseradio.com
All rights reserved
Korean translation copyright © 2018 by SHANTI BOOKS
Korean translation rights arranged with Hay House UK Ltd.
through EYA (Eric Yang Agency).

이 책의 한국어판 저작권은 EYA(Eric Yang Agency)를 통한
Hay House UK Ltd.사와의 독점 계약으로 도서출판 샨티에 있습니다.
저작권법에 의하여 한국 내에서 보호를 받는 저작물이므로
무단 전재 및 복제를 금합니다.

우주는 당신의 느낌을 듣는다

2018년 9월 7일 초판 1쇄 발행. 2022년 10월 20일 초판 4쇄 발행. 웨인 다이어
와 에스더 힉스가 쓰고 이현주가 옮겼으며, 도서출판 샨티에서 박정은이 펴냅니
다. 편집은 이홍용이, 표지 및 본문 디자인은 김재은이 하였습니다. 인쇄 및 제본
은 상지사에서 하였습니다. 출판사 등록일 및 등록번호는 2003. 2. 11. 제2017-
000092호이고, 주소는 서울시 은평구 은평로 3길 34-2, 전화는 (02) 3143-
6360, 팩스는 (02) 6455-6367, 이메일은 shantibooks@naver.com입니다. 이 책
의 ISBN은 979-11-88244-35-5 03200이고, 정가는 15,000원입니다.

이 도서의 국립중앙도서관 출판시도서목록(CIP)은 e-CIP홈페이지(http://www.nl.go.kr/ecip)와
국가자료공동목록시스템(http://www.nl.go.kr/kolisnet)에서 이용하실 수 있습니다.(CIP제어번호:
CIP2018027219)

웨인 다이어와 아브라함의 대화

우주는
당신의 느낌을
듣는다

웨인 W. 다이어·에스더 힉스 지음
이현주 옮김

【샨티】

막 잠에서 깨어났을 때,
'순수하고 긍정적인 에너지'에 정렬整列될 가능성이
가장 큽니다. 그러니 매일 아침, 우주와 당신을 정렬하고
당신이 원하는 느낌 속에 머무르세요.

여러분은 현실에 맞서는 사람들이 아니에요.

여러분은 현실을 창조하는 사람들입니다.

일러두기

　이 책은 2013년 11월 13일, 캘리포니아 애너하임에서 있었던 헤이하우스 라이브 이벤트*를 바탕으로 하여 만든 것이다.

　(* 이 이벤트는 헤이하우스의 CEO인 레이드 트레이시Reid Tracy의 아이디어로, 웨인 다이어 박사가 물으면 에스더 힉스, 좀 더 정확히는 에스더 힉스를 통해 메시지를 전하는 아브라함이 대답을 하는 일종의 공개 채널링 형식으로 진행된 행사였다. 아브라함Abraham은 '비물질 차원의 집단 의식'이라고 스스로를 묘사하는 존재로서, 우리와 달리 몸을 갖지 않은 비물질 존재, 순수한 에너지 집합체(따라서 자신들을 복수로 표현한다)를 가리킨다. 웨인 다이어는 아브라함을 "오늘날 우리 지구별에서 '가장 앞선

지혜the Leading Edge wisdom'"라고 불렀다.

에스더는 평소 영적 세계에 관심이 많았던 남편 제리 힉스
Jerry Hicks 덕분에 명상을 시작했고, 명상중에 아브라함과 연결되
는 체험을 하게 된다. 그러다가 1986년 우연히 한 비즈니스 컨
퍼런스에서 남편의 권유로 아브라함과 연결해 회의 참석자들의
질문에 대답을 해주게 되었는데, 이때 많은 이들이 깊은 영감과
배움을 얻는 것을 보면서 이후 수많은 서적과 강연을 통해 '아
브라함'의 가르침을 전하게 된다.

이 책의 앞부분에 있는 '아브라함은 누구인가' 장에서 아브라
함은 에스더가 자신들의 메시지를 전하는 방식을 이렇게 설명
한다. 좀 길지만, 이 책을 이해하는 데 도움이 되리라 여겨져 옮
겨본다.

"우리(아브라함)를 물질의 언어로 규명해 보려는 사람들이 있
지만 우리는 그럴 수 있는 존재가 아니에요. 우리가 에스더에게
귓속말을 해주고 그것을 에스더가 되풀이하는 것도 아니고요.

우리가 생각 뭉치들을 주면 에스더가 그에 맞는 물질 언어를 찾아내는 겁니다. 이것은 누구나 할 수 있는 일이에요. 여러분도 이 영감inspiration을 받을 수 있습니다.……

여러분 모두의 모든 일에 깊이 관심하고 열심인 '집단 의식'이 있습니다. 바로 이 '근원 에너지'가 '사람'이 '하느님'이라고 부르고 싶어 하는 그것입니다. 여러분 모두가 그것에 직접 접속할 수 있어요.

지금 이 순간에 멈춰 서서, 성질을 부리지도 않고 화를 내지도 않고 아무런 걱정도 하지 않는 '높이 나는 진동high-flying vibration' 상태로 들어갈 때, 그때 여러분은 영감이 흐르도록 허용하게 됩니다. 이제 여러분은 평소에 생각했던 것 이상의 존재입니다. 이제 여러분은 '근원 에너지'의 연장입니다. 바로 이때가 여러분이 명료함과 열정을 느끼는 때입니다." ─ 옮긴이)

대화 내용을 옮기는 과정에서 독자들이 좀 더 쉽게 읽을 수 있도록 약간의 손질과 편집을 하였다. 에스더가 아브라함으로

부터 받는 '비물질' 생각들을 정확하게 옮길 영어 단어들이 부족해 때로는 새 단어들을 조합하거나 색다른 방식 — 예컨대 일반적으로 사용되지 않는 말은 대문자로 적음(번역본에서는 따옴표로 묶었음 — 옮긴이) — 으로 표기하였는데, 삶을 보는 낡은 방식을 새로운 방식으로 표현하기 위해서이다.

누구의 말인지, 독자들이 좀 더 쉽게 구분할 수 있도록 웨인 다이어 박사의 질문은 고딕체로, 아브라함의 말은 명조체로 표기하였다.

차례

웨인 다이어의 머리말

나는 거의 30년 세월을 아브라함Abraham의 가르침과 함께 살아왔다. 오늘날 우리 지구별에서 '가장 앞선 지혜 the Leading Edge wisdom'라고 여겨온 존재와 개인적으로 대화할 수 있는 기회가 오자 나는 이를 기꺼이 받아들였다. 육체에서 벗어난 아브라함의 집단적 지혜와 주고받은 말들을 다시 읽을 때마다 나는 〈나와 함께 날자Come Fly with Me〉라는 노래 제목이 생각난다. 이 책 속에는 어쩌면 당신이 상상도 못했던 높이까지 날아오를 기회가 들어 있다.

에스더와 함께 무대 위에 앉아 아브라함의 경이로운 답을 들으면서 나는 내가 듣고 있는 말뿐 아니라 이 날 저녁 커다란 방을 가득 채운 심오한 에너지에도 완전히 사로잡혔다. 아무거나 맘껏 골라 먹을 수 있는 과자 가게 앞에서

17

눈을 동그랗게 뜨고 서 있는 아이 심정이었다. 지금 당신이 들고 있는 이 책 속의 가르침들은 언제나 흥분과 행복, 목적 의식으로 충만한 삶을 공동 창조하는 데 당신 마음을 활용할 수 있도록 도울 것이다. 아브라함은 내 모든 질문과 코멘트에 진지한 태도로 응해주었고, 그의 말은 나로 하여금 우리 '존재의 근원'에 완전히 정렬alignment되어 살도록 하는 단순한 진리들을 묵상케 해주었다.

오래 전, 박사 과정을 밟던 젊은 시절에 나는 '가장 이상한 비밀'이라고 알려진 어떤 것 속에 깃들어 있는 지혜를 우연히 접한 적이 있다. 그때 "너는 네가 하루 종일 생각하는 그것이 된다"(You become what you think about all day long) 이 아홉 개의 단어가 내 마음속에 잠들어 있는 힘을 일깨우는 길로 나를 데려갔다.

그런데 이 날 저녁 내내 이어진 대화를 통해서 아브라함은 이 경이로운 진리에 예외가 없음을 나에게 상기시켜주었고, 바로 그 내용이 이 책에 담겨 있다. 내가 쓴 모든 책들, 내가 은총을 입어 세상에 전할 수 있었던 저작들 가운데서 지금 당신이 들고 있는, 아브라함이 대담을 통해 나에게 준 이 책이 앞으로 당신이 받게 될 어떤 것보다 중요하고 실제적인 정보가 되리라고 나는 생각한다. 그렇게 정교하고 슬기로운 가르침이 과연 비물질 세계에서 나올 수 있는지 의심하는 사람이 있다면, 마크 트웨인의 다음 한 마디를 숙고해 보기 바란다. "당신을 골치 아프게 만드는 것은 당신이 모르는 무엇이 아니라 당신이 당연히 그런 줄 알고 있지만 실은 그렇지 않은 무엇이다."

나는 당신이 여기 재생된 개인적 만남의 기록을 읽거나 들으면서, 철든 뒤 내 인생의 트레이드마크가 되어준 철학—모든 것에 열린 마음을 지니고 어떤 것에도 집착하지 말라—을 실천해 보기를 강력히 권한다. 아브라함이 나에게 "우주는 당신이 무슨 말을 하는지를 듣지 않는다. 우주는 당신이 어떻게 느끼는지를 듣는다"고 말해주었거니와, 끌어당김의 법칙은 당신이 이 글을 읽고 있는 지금 이 순간에도 어김없이 작용하고 있다.

나인 나 I AM,
웨인 W. 다이어

19

에스더 힉스의 머리말

처음 아브라함을 받아들이기 시작할 때부터 나는 남편 제리 힉스Jerry Hicks(에스더와 제리 부부는 1986년부터 비물질 존재 아브라함의 영감을 받고 가르침을 전하기 시작했다. 제리는 이 책의 바탕이 된 2013년의 이벤트가 있기 2년 전 세상을 떠났다—옮긴이)의 간절한 열망 때문에 이 불가사의하고 놀라운 경험이 나에게 생길 줄 알았다. 스스로 값진 존재가 되고, 남들을 도와 고양시키고자 하는, 또 이 모든 일이 어떻게 일어나고 왜 우리가 여기에 있는지 알고자 하는 제리의 간절한 욕구가, 아브라함이 나를 통해서 흐르게 만든 원인임에 분명했다. 자신이 살아온 인생 때문에 그리고 자신이 간직해 온 대답되지 않은 질문들 때문에 말 그대로 제리가 아브라함을 불러낸 것이다.

따라서 처음에 그리고 그 뒤로 몇 달 동안은 아브라함의 대답 대부분이 제리의 질문에 대한 응답으로 그에게 직접 주어졌었다. 흐르는 세월과 함께 갈수록 많은 사람들이 아브라함과 소통을 하게 되자, 질문의 폭은 더욱 넓어지고 그들(아브라함은 그룹 의식으로 여겨진다. 그래서 복수로 표현된다)의 메시지 또한 더욱 넓고 깊어졌다.

그래서 헤이하우스의 회장이자 CEO인 레이드 트레이시Reid Tracy가 아브라함과 웨인 W. 다이어 박사의 대담 자리를 마련해 보자고 제안했을 때 나는 흥분되었다. 웨인의 일생이 자기 안에 있는 강력한 깨달음의 포인트들에 집중되어 왔음을 잘 알고 있기 때문이었다. 나는 아직 대답을 듣지 못한 질문들을 아브라함에게 물어보라고 그에게 간청했다. 나는 그것이 매우 강력한 경험이 되리란 걸 알았다. 과연 그랬다. 그것은 '최고의 공동 창조co-creation'였다!

사랑으로,

에스더 힉스

레이드 트레이시의 아이디어

레이드 트레이시 안녕하십니까? 이 놀라운 이벤트에 오신 여러분, 환영합니다. 내 이름은 레이드 트레이시, 헤이하우스 사장이자 CEO입니다. 우리는 지금 이 이벤트를 인터넷에 올리고 있어요. 그러니 여러분도 이 쇼의 일원으로서 얼굴이 카메라에 잡혀 영상이 나갈 수 있습니다. 전 세계의 수많은 사람들이 여러분과 함께 이 장면을 지켜볼 거예요.

내가 헤이하우스에 몸담은 지 25년 세월이 흘렀습니다만, 오늘 이 자리는 그동안 내가 기다려온 가장 흥분되는 프로그램 가운데 하나입니다. 내가 하루는 에스더에게 전화를 걸었지요. "나한테 엉뚱한 아이디어가 하나 있어요. 웨인 다이어 박사가 아브라함과 대화를 나누는 겁니다. 그와 당신 두 사람이 함께 무대 위에서. 어때요?"

에스더가 그러더군요. "대단한 아이디어네요."

그래서 내가 말했지요. "음, 좋아요. 그럼 웨인한테도 부탁할게요."

오늘 이 시간은 굉장히 흥분되는 저녁이 될 거예요. 자, 그럼, 긴 말 할 것 없이 웨인 다이어 박사와 에스더 힉스를 무대로 모시겠습니다.

에스더 대단히 고맙습니다. 이봐요, 여러분 준비가 됐군요. [레이드에게] 당신 우리를 어디로 끌어들인 겁니까?

웨인 다이어 세상에! 여기서 고스트(유령)하고 얘기하게 돼 무척 기쁘군요. 이런 날이 오기를 여러 해 동안 기다렸어요.

청중 가운데 하나 웨인, 사랑해요.

웨인 나도 사랑합니다. 여러분 모두 사랑해요. 여기 있는 게 정말 좋군요.

에스더 누가 나한테 오늘 밤 무슨 얘길 할 거냐고 묻더군요. 그래서 내가 그랬지요. "모릅니다. 알고 싶지도 않고요." 나는 어떤 것도 머리에 담아놓고 싶지 않았어요. 하지만 다이어 박사처럼 뛰어난 분이 아브라함과 얘기를 나눌 수 있도록 한 이 아이디어는 정말 대단해요. 이보다 무엇이 더 좋을 수 있을까요? 이건 정말 최고의 공동 창조입니다. 안 그래요?

웨인 그렇고말고요. 1987년인가 88년인가, 어떤 사람이 나한테 아브라함 녹음 테이프를 한가득 보내왔어요. 나는 그것들을 듣기 시작했죠. 그러고 나서 제리와 에스더를 만났는데, 그게 12~13년 전이었을 겁니다. 나는 그때부터 아브라함의 열렬한 팬이 되었지요. 이것은 우리 지구별에서 가장 지혜롭고 가장 심오한 가르침이라고 나는 생각합니다. 네, 그래요.

에스더 웨인이 우리 책을 우리보다 더 많이 팔아줬지요.

웨인 나는 정말로 믿는 사람이에요. 누가 당신한테 진실을 말할 때, 당신 가슴heart으로 그 진실을 느낄 때 당신은 알아차리지요. 그가 있는 그대로 정확하게 말하고 있다는 걸 말이에요.

에스더 맞습니다, 공명共鳴이죠.

웨인 그래요. 그냥 나한테 공명이 되는 겁니다. 항상 그래요. 내가 수백 번, 어쩌면 수천 번 당신 말을 들었을 텐데, 당신은 한 번도 엇나간 적이 없어요.

에스더 이제 아브라함한테로 가야겠습니다. 괜찮나요?

웨인 혹시 GPS나 뭐 그런 비슷한 게 필요한가요?

에스더 내 마음을 맑게 하는 데 1분쯤 시간이 걸립니다. 그러면 그들이 말하지요. "이봐요, 오케이?" 하고요. [웨인에게 장난기어린 말투로] 당신은 누구한테 갈 겁니까? 내 느낌엔 당신도 아브라함한테로 가려는 것 같은데. 정말로 알고 싶다면 당신도 분명 아브라함에게 가려고 하겠죠.

웨인 당신도 알다시피, 정말 그러고 싶을 때가 많았지요. 예, 그래요.

에스더 오케이. 자, 갑니다.

아브라함은 누구인가?

✿   우선 나와 이 방에 있는 사람들, 우리를 지켜보고 있는 사람들을 위해서 당신이 누군지를 말해줬으면 합니다. 아브라함이 누굽니까? 나를 포함하여 당신을 모르는 사람들에게 말해주세요.

설명해야 할 가장 중요한 것은 우리가 하나의 '집단 의식Collective Consciousness', 여러분 모두가 지니고 있는 것과 다르지 않은 하나의 진동vibration이라는 사실입니다. 하지만 에스더는 수년 동안 집중한 덕분에 하나의 주파수frequency를 사용할 수 있게 되었어요. 말하자면 그 주파수로 우리와 통화를 해서 우리가 하는 말을 좀 더 선명히 들을 수 있게 된 겁니다.

여러분을 포함해서 몸을 가진 사람은 누구나 '근원 에

너지Source Energy'의 연장延長이에요. 우리가 바로 그 '근원 에너지'이고, 여러분 모두가 그 연장이지요. 하지만 매일 이런저런 경험을 하면서 살아가다가 여러분은, 일부러 만나려고 한 것은 아니지만, 여러분의 '참 자아who-you-are' 를 온전히 받아들이지 못하도록 방해하는 진동 주파수들을 만나기도 합니다. 알다시피 우리는 그런 방해를 전혀 받지 않습니다.

우리를 물질의 언어로 규명해 보려는 사람들이 있지만 우리는 그럴 수 있는 존재가 아니에요. 우리가 에스더에게 귓속말을 해주고 그것을 에스더가 되풀이하는 것도 아니고요. 우리가 생각 뭉치들을 주면 에스더가 그에 맞는 물질 언어를 찾아내는 겁니다. 이것은 누구나 할 수 있는 일이에요. 여러분도 이 영감inspiration을 받을 수 있습니다. 하지만 여러분은 끌어당김의 다른 포인트들에서 영감을 받을 수가 있어요. 기분이 고약한 상태에서 영감을 받을 수 있다는 말인데, 그건 '근원 에너지'로부터 영감을 받는 것이 아니라 말하자면 물질의 자취를 따라 생긴 생각 뭉치들로부터 영감을 받는 것입니다.

그러기에 높은 주파수에 튜닝을 하되 일관성을 갖고 영감을 받을 수 있을 정도로 충분하게 튜닝을 하는 것이 중요해요. 이보다 더 쉽게는 설명할 수가 없군요. 우리가 여러분 모두에게 말해주고 싶은 가장 중요한 사실은 여러분 모두 어느 정도 이 일을 할 수 있지만 꾸준히 그렇게 하지는 않는다는 것입니다. 에스더 또한 언제든지 아브라함을 받아들일 수 있는 상태인 건 아니에요. 하지만 이런 포럼에서는 청중의 기대 덕분에 그녀가 우리를 좀 더 쉽게 받아들일 수 있지요. 우리는 여러분 모두가 가슴에 품고 있는 욕망desire이라는 원동력momentum에 부응하고, 그러면 에스더는 우리의 진동을, 우리의 앎을 당신들의 언어로 옮겨주는 것입니다.

　　❀　그러니까 당신은 아주 높은 고주파 진동들의 집단이군요? 하느님과 동등한. 말하자면 그렇다는 겁니까?

　　인간들은 우리를 규명하려고 많은 수고를 하고 있어요. 그들은 하느님God을 규명하려고도 애를 많이 쓰고 있지요. 그리고 한때 몸 안에 있다가 지금은 다시 '비물질Non-Physical'로 돌아간 존재들을 규명하려고도 많은 노력을 하고 있습니다.

여러분—우리는 여러분을 많이 사랑한답니다—은 인간이라서 이 하나의 연속체인 삶을 뒤틀린 시각으로 보고 있어요. 대부분의 인간들은 자기네가 이 몸 안으로 들어와서 잠시 머물다 가며, 잘 살건 못 살건 그렇게 살다가 이 몸을 떠난다고 생각을 하지요. 그러나 실제로 일어나는 것은 당신들이 '영원'하다는 것이에요. 당신들은 결코 떠나지 않아요.

더 이상 물질 몸 안에 있지 않을 때에도 여러분은 여전히 의식consciousness을 지니고 있으며 여기 이 '땅'에서 일어나는 일에 집중하고 있어요. 여러분 모두의 모든 일에 깊이 관심을 갖고 있는 '집단 의식'이 있습니다. 바로 이 '근원 에너지'가 '사람'이 '하느님'이라고 부르고 싶어 하는 그것입니다. 여러분은 누구나 그것에 직접 접속할 수가 있습니다.

❀　그래서 나는 자주 말하지요. 우리는 영적인 체험을 하는 인간 존재가 아니라 그 반대라고. 우리는 잠시 인간 경험을 하고 있는 무한한 영적 존재라고요.

지금 이 순간에 멈춰 서서, 성질을 부리지도 않고 화를 내지도 않고 아무런 걱정도 하지 않는 '높이 나는 진동high-flying vibration' 상태로 들어갈 때, 그때 여러분은 영감이 흐르도록 허용하게 됩니다. 이제 여러분은 평소에 생각했던 것 이상의 존재입니다. 이제 여러분은 '근원 에너지'의 연장입니다. 바로 이때가 여러분이 명료함clarity과 열정을 느끼는 때이고, 여러분의 타이밍이 딱 들어맞는 때이고, 여러분이 최고로 재미를 맛보는 때이며, 여러분이 최선의 상태라고 느끼는 때이지요.

여러분은 자기 현실을 몸소 창조하는데, 그것은 여러분이 하는 생각이 '끌어당김의 법칙Law of Attraction'이 계속 반응하는 진동 주파수를 내뿜게 만들기 때문입니다. 그렇게 해서 모든 깨어 있는 순간에 여러분은 자신의 끌어당김 포인트를 창조하지요. 여러분이 경험하는 모든 것이 여러분한테 오는 까닭은 여러분이 진동을 내뿜고 그 진동에 '끌어당김의 법칙'이 반응하기 때문이에요. 마치 돌아가는 진동 원반 위에 여러분이 서 있다고 할 때 같은 진동을 하는 사물들만이 원반 위의 여러분과 연결될 수 있는 것과 같습니다. 여러분의 원반은 여러분이 하는 생각과 여러분이 느끼는 감정에 따라서 바뀌지요.

여러분은 여러분이 집중하는 것들을 가지고 원반을 선택합니다. 행복감이나 사랑이나 자유 또는 기쁨으로 느껴지는 것을 선택할 수도 있고, 슬픔이나 절망으로 느껴지는 것을 선택할 수도 있어요. 여러분이 만나는 사람들이 누구냐를 보고 여러분이 어떤 원반 위에 서 있는지를 알 수도 있겠지요. 성질 고약한 사람들에 둘러싸여 있으면 성질 고약한 원반 위에 서 있는 거지요. 그들이 여러분과 만나는 이유는 여러분이 그들의 완벽한 진동 파트너들이기 때문입니다.

이 진동하면서 돌아가는 원반들 위에 의식적으로 자기를 세워둘 수 있을 때, 여러분은 자신한테나 다른 사람들한테 왜 이런저런 일이 일어나는지 이해할 수 있습니다.

33

영감이란 무엇인가?

⚙ 　수년 전 나는 '불어넣다inspire'와 '영 안으로in spirit' 이 두 단어로

된 《영감Inspiration》이라는 책을 썼어요. 2천 년 전 지구별에 파탄잘리

Patanjali라는 위대한 교사가 있었는데, 그가 말했지요. "네가 어떤 큰

목적, 어떤 특별 프로젝트에 의하여 영감을 받으면 네 모든 생각이

사슬에서 풀려난다. 네 마음이 한계를 넘어서고 네 의식이 사방으로

확장되고 그리하여 새롭고 크고 놀라운 세계 안에 있는 너를 보게

된다"고.

　　그는 또, 이건 내가 당신한테 물어보고 싶은 것이기도 한데, "네

가 영감을 받으면 속에 잠들어 있던 힘, 재능, 탤런트가 살아나고 너

는 네가 평소에 꿈꾸던 너보다 훨씬 위대한 인간으로 되어 있는 너

를 보게 된다"고도 했어요. 내가 보기에 당신은 당신 자신을, 거의

'하느님' '근원' '도道' '신성한 마음Divine mind'이라고, 또는 우리가 그것

을 뭐라고 부르든지, 당신이 말하고 있는 바로 그 근원 에너지라고 보는 것 같아요. 그런가요?

최근 우리는 그것을 이렇게 설명하고 있습니다. 아침마다 잠자리에서 일어날 때 여러분은 주파수가 가장 높은 존재로 될 가능성이 있다고 말이에요. 그건 바로 잠들어 있는 동안에는 여러분의 끌어당김 포인트의 원동력 momentum이 작용을 멈추기 때문이에요.

그러니 막 잠에서 깨어났을 때, 그러니까 어제의 잘못이나 그날의 할 일을 생각하기 전에 여러분은 그 '순수하고 긍정적인 에너지'에 정렬整列(alignment)될 가능성이 가장 큽니다.

그러므로 여러분이 거기에 집중하여 약간이라도 원동력이 작용하도록 할 수 있다면, 여러분은 여러분이 하는 일을 언제나 깨어서 지켜보는 '근원 에너지'의 의식에 파장을 맞추게 되지요. 하지만 그건 그냥 일어나는 무엇이 아니에요. 여러분이 자기 자신에 집중하여 그 정렬 속으로 들어가야 합니다. 이렇게밖에는 더 잘 설명할 수가 없군요.

달리 말하면 '근원'은 모든 사람을 위하여 항상 거기에 있어요. 우리는 언제나 거기에 있습니다. 그런즉 여러분이 '근원'의 현존에 깨어 있을 때, '근원'과 여러분의 정렬을 방해하는 진동을 내지 않을 때, 그때 여러분은 놀라운 순간을 경험하게 됩니다. 게다가 여러분은 언제든지 그럴 수 있어요. 그렇게 하는 존재를 가리켜 사람들이 마스터라고 부르지요. 하지만 여러분 모두 그럴 수 있어요. 집중의 마스터가 되는 것 말입니다.

이른 새벽의 원동력 작동시키기

❄ 나는 매일 새벽 3시쯤 일어납니다. 옛날 루미Rumi라는 위대한 시인이 있었는데 그가 말했지요. "새벽 산들바람한테는 너에게 일러 줄 비밀이 있다. 도로 잠들지 마라. 도로 잠들지 마라. 도로 잠들지 마라." 내가 지은 많은 책들이 그렇게 깨어 있는 시간에 쓴 것들이에 요. 그게 뭘까요? 뭐가 나를 깨운 겁니까? 나는 내가 깨어난 시간을 정확하게 말할 수 있어요.

수년 전 내가 만든 영화 〈변화The Shift〉에서 보면 시계가 정확히 새벽 3시 13분을 가리키는데, 그게 천사들일까요? '신성한 근원'일 까요? "이것이 너의 목적이다. 이것이 어떤 방해도 없는 시간이다"라 고 어떤 사람이 말했는데, 이게 바로 그건가요?

여러분은 언제든지 '근원'을 이용할 수 있습니다. 이게 우리가 강조해서 말하고 싶은 진실이에요. 하지만 당신 이야기에서 중요한 것은 어떤 이유에선지 당신이 그 시간에 듣기로 결정했다는 사실입니다.

❀ 하지만 나를 방해하는 이는 아무도 없습니다.

그거야말로 대화에서 중요한 조건이지요. 자, 그 시간은 뭘까요? 무슨 일이 발생해서 당신으로 하여금 더 잘 공명하고 더 잘 받아들이게 하는 걸까요? 그건 당신이 잠들어 있는 동안에는 당신 생각의 원동력이 멎어 있어서 어떤 반대 진동contradictory vibration도 일어나지 않기 때문이에요. 그래서 당신이 더 잘 듣게 된 것입니다.

이른 새벽 시간에 깨어나면 에스더는 스스로에게 이렇게 말하곤 했지요. "내가 깨어났나? 깨어났으면 자리에서 일어나야지." 달리 말하면 그녀는 그 시간에 방해하는 게 없어서, 그래서 우리가 주는 생각들을 더 쉽게 챙겨 들을 수 있는 건데, 당신이 지금 그걸 말하고 있는 겁니다.

❄   그래요. 나는 그 한밤중 시간이 가장 창조적인 순간들임을 알
게 됐어요.

좋아요, 그게 왜 그런지 생각해 봅시다. 당신이 한 가지
생각을 적어도 17초 동안 계속해서 하면 '끌어당김의 법
칙'이 그와 비슷한 다른 생각들을 끌어오고, 그렇게 해서
원동력이 작용하기 시작하지요.

❄   '끌어당김의 법칙'이 비슷한 다른 생각들을 끌어온다니 무슨 뜻
입니까? 무엇이 '끌어당김의 법칙'인가요?

당신이 아침에 일어나서 당신 앞에 가능태로 열려 있는
명료한 공간을 발견하는 대신 어제 있었던 골치 아픈 일
을 생각하기 시작한다고 합시다. 당신은 당신이 처했던 딜
레마를 기억하고 불편했던 일을 생각합니다. 당신은 의견
충돌을 빚었던 것에 대해 생각하는 겁니다. 17초 정도만
그것에 대해 계속 생각하면 비슷한 생각들이 더 많이 당
신 마음속으로 들어오지요.

그 생각들을 다시 17초 동안 계속하면 더 많은 원동력이 작용하고, 그렇게 해서 마침내 당신은 68초라는 짧은 시간 만에 문지방을 넘어 다른 데로 건너가 버립니다. 그 짧은 시간 사이에 당신은 '근원'에 공명하는 당신의 창문을 닫아버린 겁니다.

최근 에스더한테서도 그런 일이 있어서 우리가 말을 했지요. "괜찮아요. 내일 좀 더 긍정적인 생각들로 다시 할 수 있으니까." 그러자 에스더가 그러더군요. "나의 높이 나는 원반high-flying disc을 회복하려고 내일까지 기다릴 수 없어요. 지금 집중하면 할 수 있을 거예요."

우리는 동의했고, 에스더는 마음을 다잡고 더욱 집중을 해서 훨씬 긍정적인 생각들의 흐름 속으로 들어갈 수 있었어요. 하지만 그 일을 부정적인 원동력이 작용한 뒤에 하는 것보다 그 전에 하는 것이 훨씬 쉽지요.

그래서 우리는 '끌어당김의 법칙'에 대해 말하기를 좋아하는데, 그것이 만사를 조종해 가는 진동 엔진이기 때문이에요. 생각 속에 무언가를 움직이는 힘, 즉 원동력이 있는 까닭에 우리는 원동력을 배제하고 '끌어당김의 법칙'을 말할 수 없어요. 한 가지 생각을 오래하면 그것이 강한 생각 습관이 되지요. 이른바 신념belief이라는 게 바로 그것입니다. 당신이 어떤 생각을 끊임없이 계속하면 그게 바로 신념이 돼요.

때로 여러분은 본인에게 아무 도움도 되지 않는 신념을 계속해서 품고 있을 때가 있습니다. 하지만 여러분이 막 깨어났을 때는 그것들이 아직 힘이 없기 때문에 여러분은 새로운 생각을 찾을 수 있어요. '근원'에서 오는 새로운 생각, 그것은 여러분의 참 자아와 여러분이 진정으로 알고 있는 것에 관한 생각입니다.

✿ 우리가 깨어나서 "내 병을 내가 스스로 고치리라……"라는 식으로 매우 긍정적인 생각을 한다면, 이는 그 반대의 예라고 할 수 있을까요?

일단 그 원동력이 계속 작용하도록 하기만 한다면 그건 놀라운 일이 될 겁니다.

17초 원칙은 모든 것에 적용됩니다. 지금 여러분이 내는 진동에 '끌어당김의 법칙'—그것을 여러분이 알든 모르든—이 반응하고 있다는, 그래서 원동력이 발생하고 있다는 사실을 알면 큰 도움이 될 거예요. 우리한테 여러분 같은 육신이 있고 좋은 생각이 있다면 우리는 그것에 집중할 겁니다. 우리는 그 생각을 이야기할 것이고 그것을 글로 쓸 거예요. 그것을 두고 토론도 할 거고요. 우리는 그 원동력을 그렇게 더욱 키워나갈 겁니다. 하지만 그것이 불편하게 느껴지는 좋지 못한 생각이라면 우리는 최선을 다해서 그것을 일반화하겠지요.

생각이 구체적이면 구체적일수록 원동력은 더 빨리 작용합니다. 그러나 생각이 일반적이라면(즉 덜 구체적이라면—옮긴이) 원동력의 작용은 그만큼 더 더딥니다.

에스더는 샌프란시스코의 여러 언덕들 가운데 한 언덕을 차로 오르던 때를 기억합니다. 그녀는 사람들이 실제로 그 언덕을 차로 오르내린다는 사실이 믿기지 않았어요.

자, 한번 상상해 봅시다. 당신 차가 언덕 꼭대기에 멈춰 서 있는데 기어가 풀리고 브레이크가 파열됐어요. 일이 어떻게 되는지 궁금한 마음에 당신은 뒤에서 차를 조금 밀어 봅니다. 그래요, 당신은 무슨 일이 일어날지 알고 있어요. 뒤를 살짝 밀었을 뿐인데도 당신 차는 언덕 아래로 굴러 내려가지요.

하지만 당신이 그 즉시 차 앞으로 나가 막아선다면 원치 않는 원동력이 발생하는 것을 쉽게 막을 수 있을 겁니다. 그 원동력을 막겠다고 언덕 아래로 가려고 하진 않겠지요.

당신들 생각이 그와 같은 방식으로 작용하지요. 모든 생각이 진동이고, '끌어당김의 법칙'은 모든 생각에 반응합니다. 그래서 그 생각이 갈수록 커지는 겁니다. 물어야 할 질문은 오직 이것뿐이에요. "이 생각은 내가 키우고 싶은 생각인가?" 키우고 싶은 생각은 커지게 마련인데, 그것은 '끌어당김의 법칙'이 반드시 그렇게 하기 때문입니다.

확언에 관하여

✿ 나는 '나인 나ı AM' 진술에 관해 자주 이야기합니다. '나인 나'는 근원Source의 다른 이름이지요. 우리가 스스로 약하다는 느낌이 들더라도 생각으로 '나는 강하다, 나는 괜찮다, 나는 부유하다, 나는 긍정적이다, 나는 사랑한다'라고 말하면…… "약한 자로 하여금 말하게 하라, 나는 강하다고"라는 〈요엘서〉의 한 구절이 바로 그것을 의미한다고 나는 봅니다.

무슨 말인지 알겠어요. 하지만 애를 쓰면 쓸수록 오히려 역효과가 나는 그런 노력이 있어요. 당신이 애쓰는 모든 주제가 실은 당신이 원하거나 원하지 않거나 하는 것이기 때문입니다. 당신이 스스로 강하지 않다고 느끼면서 입으로 "나는 강하다"고 말한다면, 당신은 실제로 막대기의 어느 끝을 활성화시키고 있는 걸까요?

더 열심히 노력해야겠다고 느낄 때 당신은 자신이 진동상으로 실제 계속하고 있는 어떤 것을 극복하려고 애를 쓰는 것입니다. 그 때문에 당신이 원하는 방식으로 작용하지 않고 그 반대로 작용하는 겁니다. 달리 말해서 당신은 지금 그 확언確言(affirmation)과 행동으로, 당신이 진정 원하는 것에 반대되는 진동을 보충하고 있는 것입니다. 당신은 말로써 그 흐름을 거스를 수가 없어요. 그렇기 때문에 당신은 더욱 열심히 애써야 한다는 필요를 느끼게 되는 거지요.

확언은 놀라운 겁니다. 하지만 확언을 할 때 진실로 그것이 좋게 느껴지는지 그 점을 분명히 해야 합니다. '우주'는 당신이 말하는 것을 듣는 것이 아니라 당신이 속으로 뜻하는 것을 듣기 때문이에요.

✸ 그건 우리의 느낌에도 반응하지요. 안 그런가요?

맞아요. 당신이 뜻하는 게 무엇인지를 당신이 그렇게 느낌으로 아는 겁니다. 그러므로 당신이 약하다고 느끼면서 입으로 강하다고 말하면, 그 말을 크게 하면 할수록 '우주'는 당신이 느끼지 않거나 믿지 않는 어떤 것을 요구한다고 알아듣지요. 당신이 더욱 열심히 노력하게 되는 이유가 바로 거기에 있어요.

그건 마치 카누를 메고 강으로 내려가 그것을 물에 띄우고 흐르는 물살을 거슬러 오르면서 애써 노를 젓는 것과 같아요. 당신이 뭔가를 이루려면 그에 마땅한 고생을 해야 한다고 믿기 때문이에요. 그러나 '끌어당김의 법칙'은 언제나 저항이 가장 적은 길을 마련해 주지요.

당신은 '근원 에너지'이고, 거기에 편안함의 궤도trajectory가 있습니다. 그것이 저항이 가장 적은 길이에요. 당신은 자신이 언제 그 편안함의 궤도 위에 있는지 느낄 수 있고, 언제 거기에서 벗어나는지도 느낄 수 있어요. 당신이 그 궤도 위에 있다고 공언하면 할수록 그만큼 자주 그것에서 벗어나게 되고, 그래서 더 그 위에 있으려고 애를 쓰게 되는 거지요. 낮잠 한숨 자는 게 더 나을 때가 있답니다.

태어나기 전의 선택

✿   좋아요. 아주 중요한 질문이 떠올랐어요. 한 번도 물어본 적이 없는 질문이에요. 나는 자녀가 여덟입니다.

[장난기어린 투로] 삼가 조의를 표합니다.

✿   아이들을 낳기 전 나한테는 아이들을 기르는 법에 관한 여덟 가지 이론이 있었어요. 여덟 자녀를 둔 지금은 아이들 기르는 법에 관한 이론이 하나도 없지만요. 딸이 하나 있는데 이름이 세레나 Serena라고 해요. 이 아이가 아홉인가 열 살쯤 되었을 때예요. 그 애는 나의 아버지 노릇, 부모 노릇에 대하여 늘 불만이 많아서 내가 어떻게 이런저런 잘못들을 저질렀는지 잔소리를 늘어놓곤 했지요.

그 무렵 나는 아브라함이 하는 말을 듣고 있었어요. 하루는 딸

아이의 불평불만에 질려서 이렇게 말했죠. "있잖니, 네가 그토록 나 같은 아빠가 싫고 나 같은 부모가 맘에 들지 않는다면 그렇게 나를 탓하기만 할 게 아니다. 오히려 네가 왜 하필 나를 네 아빠로 선택했는지 너 자신에게 물어봐야 할 게다."

그러자 딸아이가 손을 엉덩이에 대고 눈알을 굴리면서, 알지요? 십대들이 사람을 보는 그런 눈으로 나를 쳐다보면서 이렇게 묻는 겁니다. "내가 실제로 아빠를 내 아빠로, 엄마를 내 엄마로 선택했다는 거예요?"

내가 말했지요. "정확하게 그래. 그리고 그토록 중요한 결정을 내릴 때는 아주 신중했어야지! 게다가 바로 지금 네가 나를 이런 부모로 존재하도록 불러내고 있는 거야. 네 기대의 힘이 하도 세어서, 그래서 내가 그걸 무시할 수가 없다. 우리는 아무래도 지금 일어나는 일을 두고 서로를 탓하고 싶어 하는 진동 지점에서 만난 것 같구나."

그러자 아이 입에서 어쩌면 내가 아이들로부터 들은 말 가운데 가장 근사한 말이 나왔어요. 그 아이가 이러는 겁니다. "음, 그렇다면 분명 내가 성급했네요."

아브라함, 이게 내 질문입니다. 정말 우리는 이 세상에 꼴을 갖추고 나타나기 전에 장차 자기 부모 될 사람을 알거나 선택할 수 있는 겁니까?

　네, 그래요.

☼　어떻게 그런 일이?

　음, 강력한 궤도가 있어요. 그건 강력하지만 동시에 일
반적이기도 한 계획이죠. 당신은 자신이 태어날 줄 알았
고, 어떤 모습으로 태어나든 완벽하리란 것도 알았어요.
당신은 그 다양한 모습 가운데 자신이 좋아하는 것들로
새로운 정체성을 꾸리게 되리란 것도 알았고요.

☼　당신은 우리가 알았다고 말하는데, 어떻게 압니까? 뇌도 없고
몸도 없는데요. 어떤 형체도 없는 상태인데……

　[장난기어린 투로] '의식'과 앎에 뇌가 무슨 관계가 있다는
건가요?

49

✸ 그거야말로 당신이 대답할 질문이지요.

뇌는 여러분이 여기에서 집중하는 데 쓰는 기관입니다. 여러분이 뇌라고 부르는 것 외부에 '의식Consciousness'이 있어요. 우리가 계속 말하는 진동하는 것vibrational thing이 바로 그것입니다. 우리는 지금 진동에 대하여 말하고 있어요. 우리는 '에너지'에 대하여 말하고 있습니다. 우리는 생각에 대하여 말하고 있는 겁니다. 그리고 마침내 충분한 원동력이 발생하면 여러분은 감정을 느끼게 됩니다. 우리는 여러분이 느끼는 감정이 그렇게 생겨난 것임을 알았으면 합니다. 그리고 꽤 많은 양의 원동력이 발생해야 비로소 여러분의 감정이 그 '더욱 넓은 시각Broader Perspective'에 얼마나 잘 정렬되어 있는지를 알 수 있습니다.

그래요, 이 물질의 몸으로 들어오기 전에 여러분은 '의식'이었어요. 그리고 여러분은 그 '의식'의 일부를 물질의 몸으로 투사하고자 열망하였지요. 그것은 이 물질의 몸 안에서, 여러분과 이 시공간 현실을 나누어 쓸 다른 모든 놀랍고 다양한 물질적 존재들과 함께, 새로운 아이디어들을 창출해 낼 수 있으리란 걸 여러분이 알았기 때문입니다. 여러분이 '영원한 존재Eternal Being'라서, 그래서 그것이 여러분의 흥미를 끌었던 겁니다. 여러분이 물질의 몸으로 태어났기에, 지구별의 다양성과 대비contrast에 둘러싸여 있기에, 여러분이 새로운 아이디어들을 창출할 수 있는 것인데, 새로운 아이디어들이 없으면 그 '영원함'이 끝나리라는 것을 여러분은 알았습니다. 물론 그 '영원함'이 결코 끝나지 않으리라는 것도 여러분은 알았지요. 이 시공간 현실이 계속 이어지면서 새로운 아이디어들을 창출하리라는 것도 여러분은 알았어요. 그렇게 여러분은 여러분의 '웰빙Well-Being'을 대체적으로 감지하고, 여러분의 절대 가치를 이해하였습니다.

제리가 자신을 '비물질'로 변환시킨('비물질'로 변환된다는 말은 인간의 관점에서 죽어서 몸을 벗는 것을 말한다—옮긴이) 덕분에 에스더나 여러분이 한 가지 큰 혜택을 보고 있는데, 그것은 바로 그가 계속 존재하면서 그녀가 하는 일을 알아차리고 그녀가 하는 일에 흥미를 보인다는 사실을 에스더가 민감하게 감지한다는 것입니다. 그녀는 그의 '의식'을 느낄 수 있고, 자신이 그와 정렬되어 있음을 느낄 수 있어요. 그녀는 자신이 길에서 벗어나 있으면 그가 '진동하는 짝 Vibrational Match'으로서 함께하지 않는다는 걸 느낄 수 있지요. 그리고 여러분도 알겠지만 제리는 언제나 거기에 존재하는 '비물질 의식'의 한 본보기입니다.

사람들은 한 세대가 태어나고 다른 세대, 또 다른 세대가 태어나는 것으로 삶이 연속된다고 알고 있지만 그건 진정한 삶의 연속이 아니에요. 여러분이 물질의 몸으로 태어나는 것, 대비와 다양성을 탐색하면서 여러분의 관심을 끌고 여러분을 기쁘게 하고 여러분을 놀라게 하고 여러분에게 용기를 불어넣어 주는 것들을 발견하는 것, 그리고 여러분이 계속해서 새로운 욕망desire들을 표출해 내는 것, 이것이 진정한 삶의 연속입니다. 그리고 여러분이 관심을 기울이는 것들, 여러분이 표출해 낸 욕망들은 여러분이 '비물질'로 다시 돌아가도 멈추지 않습니다.

이제 여러분은 사람들이 죽음이라고 부르는 것을 경험하기 전 여러분이 관심 가졌던 것들에 민감하게 관심하는 '비물질 의식'의 핵심부에 연결되지요. 여러분은 아무런

52

방해도 받지 않는 곳에서 여러분의 '비물질' 시각의 관심을 받습니다. 여러분은 더 이상 의심이나 자격지심으로 자신의 욕망을 억누르지 않습니다. 지금 여러분은, 여러분도 알다시피, '순수하고 긍정적인 에너지Pure, Positive Energy'입니다.

여러분이 경험하는 두근거리는 느낌thrill bumps은 바로 그 순간 여러분이 경험하고 있는 것에 우리가 열중하고 있다는 증거예요. 여러분은 그 두근거리는 느낌이 여러분한테 속한 것인 줄 알지만, 실은 우리가 느끼는 방식에 여러분이 공명하고 있는 것입니다. 그러니 우리가 비물질적으로 집중한다는 것, 따라서 어떤 형체도 없다는 것을, 생각도 없고 감정도 없고 관심도 없는 것과 혼동하지 마세요.

'건너간' 이들과의 상호 작용

❄️ 시간이 없는 세계에서는 앞도 없고 뒤도 없다는 것을 압니다. 방금 당신이 말한 대로 제리는 물질 세계를 떠났고, 그보다 조금 먼저 우리 어머니도 물질 세계를 떠났어요. 우리 어머니가 나를 알아볼 수 있습니까?

알아볼 수 있을 뿐 아니라 날마다 온종일 그러고 있답니다. 하지만 당신은 당신 어머니에 대한 생각을 바꿔야 해요. 왜냐하면 다시 '비물질' 상태로 나타날 때 어머니는 모든 의심과 두려움과 걱정, 그리고 자기가 물질의 자취를 따르는 동안 익혔던 인간적 특성들을 모두 뒤에 남겨두었으니까요.

그래서 우리는 여러분이 아침마다 잠에서 깨어날 때 리

셋 버튼을 누를 수 있다는 점을 여러분에게 상기시켜 주려고 하는 겁니다. 여러분이 '비물질'로 다시 나타날 때 일어나는 일이 바로 그것이기 때문이에요. 여러분은 리셋 버튼을 누릅니다. 그렇다고 여러분의 관심이 사라지는 건 아니에요. 실은 여러분의 관심이 전보다 더 예민해지지요. 하지만 당신이 당신 어머니를 몸 안에 있던 어머니로, 자기의 모든 저항을 뒤에 두고 떠나기 전의 어머니로 기억한다면, 당신은 어머니에게 공명할 수 없습니다.

❁ 올여름 나는 스코틀랜드 글라스고우에 있었어요. 어머니가 돌아가시고 얼마 안 됐을 때였어요. 그런데 거기서 어머니가 나와 한 방에 계셨어요.

그래요. 당신이 저항하지 않을 때마다 어머니는 지켜보고 있지요.

❁ 어머니가 돌아가시고 나서 처음으로 일종의 깨어 있는 꿈, 자각몽이란 걸 꾸었어요. 어머니는 96세에 돌아가셨는데, 꿈에서는 40대

였지요. 차도로 차를 몰고 가서 문을 열려고 하는데 전에 한 번도 보지 못했던 미닫이문이 거기 있었고, 나는 그 미닫이문을 열 수 없었습니다.

그 미닫이문은 익숙하게 봐온 저항을 의미하는 것이고, 바로 그 저항 때문에 문을 열 수 없었던 겁니다.

❀ 그때 어머니가 그 문을 열었어요. 그런데 그것을 안쪽으로 열었지요. 어머니가 안쪽으로 문을 열었다고요. 내가 어머니에게 말했어요. "엄마가 여기 있을 수 없는 거예요. 엄마가 여기 있을 수 없는 거라고요. 엄마는 죽었어요. 엄마는 죽었다고요." 내가 이렇게 말하자 어머니가 사라졌지요.

어머니를 보는 당신의 능력이 바뀌었기 때문이에요.

❀ 어머니가 다시 늙어졌어요. 40대 중년 부인의 손에서 96세 노부인의 손이 되어버렸지요.

그래요. 어머니는 당신이 저항을 그만두길 원하세요.

⚙ 나는 내 친구이자 에스더의 친구이기도 한 루이스 헤이Louise Hay 에게 말을 했어요. 어째서 우리 어머니가 거기 나와 함께 있을 수 없 는지 그녀가 말해주더군요.

당신 어머니가 당신과 함께 있지 못한 게 아니라 당신이 어머니를 보지 못한 거예요. 당신이 인식 능력이 없었던 거지 어머니가 거기 없었던 게 아니에요.

⚙ 그러니까 죽음이라는 개념이⋯⋯

죽음은 없어요.

⚙ 맞아요.

오직 삶과 더 많은 삶이 있을 뿐. 그리고 이제 죽음이라 는 개념은 당신이 하는 일에 대한 명료함, 열의, 재미, 충만함, 확실함, 분명함, 소중함, 열정, 관심과 비슷한 것이에요. 과거 어느 때보다 더 그렇죠! 물질의 몸 안에 있을 때 당신 어머니는 아들인 당신이 얼마나 장엄한 존재인지 알지 못했어요. 하지만 지금은 알고 있지요. 어머니는 당신이 얼마나 훌륭한지 생각하지 못했습니다. 당신을 사랑했지만 지금 사랑하는 것처럼은 하지 못했어요.

❁ 지금 나는 어머니가 느껴집니다.

그래요. 당신 어머니가 이곳을 가득 채우고 있어요. 아닌가요? [아브라함이 청중을 바라보며 묻는다.] 여기 공중에 떠돌고 있는 아우라가 보이지요? 네, 보여요.

그는 아버지를 용서했다

✱   마이크를 잡고 당신에게 말하기 시작할 때부터 내 어린 시절 경험을 이야기하고 싶었어요. 나는 태어나서 처음 10년 동안 보육 시설과 고아원 등지를 전전하며 자랐습니다.

우리 아버지는 늘 밖으로 나돌아 다니는 사람이었어요. 때로는 감옥에 갇혀 있기도 했죠. 욕을 입에 달고 살았어요. 네 살도 안 된 아들 셋을 두고 어머니 곁을 떠났습니다. 그냥 사라졌죠. 얘기가 길어요……

당신이 계획한 그대로였어요. 당신이 원한 바로 그 궤도였죠. 당신은 당신 존재의 핵심을 탐색하는 자유인이고, 그래서 당신을 쥐고 흔들 어떤 보스도 곁에 두고 싶지 않았습니다.

✿　그래요. "아빠는 내 보스가 아니에요." 이건 내 아이들한테서 수없이 많이 듣고 또 들은 말이고, 나도 어렸을 때 자주 했던 말이지요. 그렇게 말하는 건 투정부리는 어린 꼬마가 아닙니다. 어떤 누군가가 "나는 자유로워야 한다"고 말하는 거죠.

　모두들 이렇게 말하는 거예요. "나는 자주적인 사람이다. 큰 이유가 있어서 온 사람이다. 나한테는 '근원'에서 온 '안내자'가 있다. 나는 '나인 나who I AM'에게 파장을 맞출 것이다."

✿　나는 한 번도 아버지를 만나지 못했어요. 집을 떠난 뒤로 되돌아본 적도 없고 돈 한 푼 보내주지도 않고 어린 것들 안부 한 번 묻지 않은 그 남자에 대한 분노를 안고서 나는 자랐습니다. 내가 막내였지요.

　그는 자기 역할을 잘해냈습니다. 당신이 물질 몸으로 들어오는 길을 제공했죠. 많은 부모들이 당신 아버지보다 훨씬 더 많은 실수를 저지르고 있어요.

❁   내가 그를 아버지로 선택한 겁니까?

　그래요. 아주 신중하게.

❁   내 생애에서 가장 중요했던 순간은 내 나이 서른네 살이던 1974년의 어느 날입니다. 그때 나는 미시시피의 빌록시에 있는 아버지의 무덤에 가 있었어요. 그 무렵 나는 늘 술에 취해 있었고 살도 많이 찐데다 생활은 엉망이었지요. 자신을 별로 돌보지 않았습니다. 글을 썼어요. 몇 가지 교재를 썼습니다. 하지만 내가 정말 쓰고 싶은 글은 쓸 수 없었어요. 그게 나한테 오려고 하지 않았죠.

　당신은 몹시 화가 나 있었어요.

❁   네, 나는 분노로 가득 차 있었어요. 거의 매일 밤 꿈꾸다 말고 벌떡 일어나곤 했죠. 나는 소리를 지르고 아버지와 싸우고 온몸이 땀으로 젖곤 했어요.
　나는 아버지의 무덤으로 갔습니다. 그날이 1974년 8월 30일이었어요. 무덤에서 진짜 뭔가를 하려고 간 거예요. 두 시간쯤 그곳에 있다가 뉴올리언스로 해서 뉴욕까지 돌아가려고 차 있는 데로 걸어 갔지요. 그때 나는 뉴욕에 있는 세인트존스대학교에 교수로 있었거 든요. 그런데 뭔가가 뒤에서 나를 불렀어요.

차 있는 데까지 얼마나 갔는데 그런 소리를 들은 겁니 까?

✿ 차에 다 와서였어요. 차 안에 앉아 있는데 또 뭔가가 말하는 겁 니다. "무덤으로 돌아가라." 나는 무덤으로 돌아갔어요. 가서 흐느 껴 울며 아버지를 용서했습니다. 그러면서 내가 그랬어요. "이 순간 부터, 당신에게 사랑만 바칠게요." 나는 아버지에 관한 영화를 한 편 찍었는데 거기서 아버지를 나의 가장 위대한 교사라고 불렀지요.

내 삶의 모든 것이 바뀌고 방향도 틀었어요. 책을 썼는데 국제 적으로 베스트셀러가 된 책을 썼지요. 그 모든 것이 내가 분노에서 풀려났을 때 나에게로 온 겁니다……

무슨 일이 일어난 거라 생각되나요? 아버지가 늘 당신 과 함께 있었기 때문이에요. 아버지는 언제나 당신을 사랑하고 있었어요. 아버지는 언제나 당신을 자랑스러워하고 있었죠. 아버지는 언제나 당신한테 고마워하고 있었어요.

☼   정말로요?

아버지는 '근원 에너지'니까요. 그래서 아버지가 그렇게 느낄 수 있었던 겁니다.

☼   여기 이 지구에 있을 때도 그랬나요?

아니, 그건 아니에요. 그때는 완전히 떨어져나가 있었죠.

☼   맞아요. 거의 감옥에 갇혀 살다시피 했어요.

하지만 일단 '비물질'로 다시 나타나자 아버지는 곧장 그 '순수하고 긍정적인 에너지' 안에 있게 되었죠. 그래서 그의 영향력이 강했던 겁니다. 그리고 이 모든 것을 이해하려는 당신의 욕망, 이것을 가르치려는 당신의 욕망, 당신을 뒤에서 움켜잡고 있던 저항을 놓아버리려는 당신의 욕망 또한 강했지요. 달리 말하면 당신이 누군가를 용서할 때 당신은 당신을 정렬되지 못하게 방해하는 저항을 놓아버리는 겁니다.

그건 당신을 화나게 한 대상과는 아무런 상관도 없어요. 하지만 그것이 그렇게 느껴지는 건 당신이 거기에 집중되어 있기 때문입니다. 그래서 우리가 당신한테 무슨 일이 일어난 것 같으냐고 묻는 거예요. 당신은 강한 욕망을 품고 그곳에 갔어요. 그걸 말로 표현할 수 있나요?

✺   예, 내가 그곳에 간 건 아버지의 죽음을 확인하고 싶어서였다고 분명히 말할 수 있습니다. 나는 아버지가 자기한테 웨인이라는 아들이 있다는 걸 알고는 있었는지 그걸 알고 싶었어요. 그냥 그걸 알고 싶었습니다.

그만큼 마음이 아팠군요?

✺   하지만 뭔가 나를 몰아간 게 있었습니다. 두 형은 그런 것에 별

로, 아니 전혀 신경 쓰지 않았어요. 우리 어머니는 아버지에 대해서 아무 말도 없으셨지요. 딱 한 번 아버지를 '똥구멍'이라고 표현했는데, 그때 말고는 두 번 다시 그런 말을 입에 담지 않았어요.

당신을 몰아간 것은 '웰빙'의 궤도였습니다. 당신을 몰아간 것은 당신이 누구에게 의존하려고 태어난 게 아니라는 앎이었어요. 그리고 당신은 다른 누구 때문에 당신이 정렬되지 않는다고 핑계를 대지도 않았어요.

그래서 그 순간 어떤 일이 일어났고, 당신으로 하여금 그 저항을 놓아버리게 했던 겁니다. 어쩌면 그저 오래되었기 때문일 수도 있고, 어쩌면 그게 쓸모없다고 생각되어서였을 수도 있죠. 어쩌면 그게 우스워져서였을 수도 있고, 어쩌면 너무 오래 끌었기 때문일 수도 있고요. 아니면 리셋 버튼이 거기 있었을 수도 있지요. 어쩌면 당신의 오래된 신념들보다 더 강한 욕망을 당신이 발견했을 수도 있고, 바로 그 순간 그 욕망이, 당신 안에서부터 나온 바로 그 욕망이 더 우선되었을 수도 있어요.

우리는 여러 권의 책을 썼는데 그 모든 책에는 과정들

이 담겨 있어요. 그 과정들은 여러분이 저항을 놓아버리는 방법을 찾도록 도와주기 위해 넣은 것입니다. 어떤 과정들은 여러분으로 하여금 곧장 저항 지점resistant point으로 가게 도와주지요. 하지만 여러분이 그 저항 지점을 너무 정면으로 치고 들어가면 때로 그것이 저항을 더 심하게 만들 수도 있어요. 생각의 습관이나 신념에 원동력이 있기 때문이죠.

그래서 당신이 그토록 오래 가지고 있던 저항의 원동력을 끝장내게 하려고 당신한테 무슨 일인가가 일어났고, 그 순간 당신은 당신의 '참 자아'를 온전히 느꼈던 겁니다. 당신이 그때 느낀 것은 당신 아버지, 당신의 '비물질' 아버지를 관통하여 뿜어져 나오는, 당신이 그것을 느끼게 하려고 당신한테 집중된 강력한 '하느님의 힘God Force', 사랑이었습니다.

우리가 그에 대해 말할 수 있는 최선의 방법은 아버지의 사랑이 당신의 증오보다 강했다는 것입니다. 그리고 그는 당신의 증오가 좀 덜 집중되었던 약한 순간에 당신을 사로잡았지요. 우리가 전해주려는 메시지 가운데 이보다 큰 메시지는 없어요. 이게 우리가 날마다 온종일 말하고 있는 바로 그것입니다.

사람들이 치유에 대하여 물어요. 자기를 도와줄 수 있는 누군가를 찾고 싶어 하지요. 그러면 우리는 말합니다. 당신도 알거니와 '근원'은 언제나 당신에게 이 '웰빙 에너지'를 쏟아 붓고 있어요. 여러분은 '근원'이 이미 하고 있는 일을 해줄 다른 누군가가 필요치 않습니다. 하지만 누군가 여러분이 저항을 약화시키도록 도와서 여러분한테 쏟아지는 '웰빙'과 사랑을 여러분이 어떻게든 받아들이게 된다면, 정렬 상태가 어느 정도 지속될 수 있습니다. 그리고 당신 말대로 그게 삶의 변화예요. 당신이 가장 저항이 적은 길로, 당신 자신인 사랑으로 돌아섰기 때문에 당신 인생이 단숨에 바뀌었고, 당신은 증오를 뒤에 남겨둔 채 큰 발걸음을 내딛었던 것입니다.

✿ 저쪽에는 오직 사랑만 있나요?

그렇습니다.

❁　오직 사랑만.

　그래요. 오직 사랑. 오직 사랑. 오직, 오직, 오직, 오직 '순수하고 긍정적인 에너지', 사랑 그리고 명료함 그리고 열정 그리고 간절함. 그래요.

대비, 그리고 당신의 끌어당김 포인트

✿ 　때로 나는 강연할 때 이원성을 초월하는 통전적統全的인 관념에 대하여 말합니다. 이 물질 세계에서는 모든 것이 이원성을 띠죠. 위와 아래, 선과 악, 남과 여, 동과 서처럼……

　그것이 여러분을 집중할 수 있도록 도와줘요. 달리 말해서 여러분이 원치 않는 것이 무엇인지 모르면 여러분이 원하는 것이 무엇인지 알 수 없다는 겁니다. 우리는 그것을 가리켜 창조 과정의 '첫째 단계'라고 부릅니다. 대비contrast 또는 여러분이 이원성duality이라고 부르는 그것이 여러분으로 하여금 요청ask을 하게 해주지요. 하지만 여러분이 자주 앞과 뒤, 위와 아래를 따지면서 살다 보니, 그것이 계속 진동에 혼란을 초래하는 겁니다. 여러분이 요청하기 위해서는 대비가 필요하긴 하지만, 그러나 여러분 삶을 오직 요청하는 것으로만, 즉 '첫째 단계'로만 살 필요는 없는 거예요.

☼ 내가 여기서 나가면, 즉 마지막 숨을 거두고 '비물질' 속으로 가면, 그러면 거기에는 서로 반대되는 것이 없나요?

'비물질' 속에도 대비가 있지만, 당신네 물질적 시각으로 보면 그것은 여러분한테 익숙해 있는 저항에 견주어 너무나 미미해서 분간이 되지 않아요.

☼ 당신이 말하는 '대비'가 무엇입니까?

다양성variety, 차이difference. 여러분이 원치 않는 것이 무엇인지를 알고, 그래서 여러분이 원하는 게 무엇인지를 아는 것. 말하자면 여러분으로 하여금 욕망의 진동 로켓을 발사하게 해주는 것.

창조 과정에는 세 단계가 있어요. 첫 번째 단계는 요청하는 것인데, 대비가 여러분으로 하여금 정확하게 요청하도록 도와줍니다. 창조의 '두 번째 단계'는 그 진동하는 요청들을 '근원'이 받아들여 곧장 그것들에 '진동하는 짝'이 되어줄 때 일어납니다. 그래서 우리가 말하기를 "요청하면 즉시 주어진다"고 하는 겁니다.

하지만 사람들이 요청하는 것과 그들이 보통 진동하며 보내는 곳 사이에는 진동의 간격vibrational gap이 있어요. 당신이 아까 말한 게 바로 그것이죠. 당신은 용서의 느낌을 청하고 있었지만 그와 전혀 다르게 느껴지는 어떤 것 속에서 배회하고 있었지요. 무엇이 불편하게 느껴진다면 그건 바로 '진동의 간격' 때문이에요.

그 다음, 세 번째 단계는 우리가 '허용allowing'이라고 말해온 것입니다. 거기에서 여러분은 여러분이 요청한 것과 같은 진동으로 정렬되는 길을 발견하지요. 큰 안목에서 보면 그것이 저항이 가장 적은 길입니다. 하지만 여러분이 증오나 두려움을 일으키는 생각들을 계속해서 하면, 허용하는 것이 저항이 가장 적은 길이라는 느낌이 들지 않을 겁니다. 그 길을 발견하기가 쉽지 않기 때문이죠. 여러분이 결국 '비물질' 속으로 다시 나타나는 이유가 바로 이것입니다.

여러분이 요청하는 것과 '근원'이 이미 응답해 준 것 사이의 진동 간격을 좁힐 수 있을 때, 그래서 그 순간 여러분의 진동이 여러분이 요청하는 것과 같은 진동 위치에 있을 때, 그때 여러분은 영감을 받을 수 있어요. 그때 비로소 여러분은 여러분이 요청해 온 것들을 구체적으로 실현해 내기 시작합니다.

우리는 최근 여러분의 끌어당김 포인트에 대하여 많은 이야기를 했습니다. 자신들이 신호를 내보내고 있다는 사실을, 그래서 자신들한테 오는 모든 것이 바로 그 신호에 대한 응답이란 사실을 많은 사람이 생각조차 못하고 있지요. 우리는 그것을 '끌어당김 포인트'라고 부릅니다.

여러분의 감정emotion이란, 어느 시점에서 어떤 일에 대한 여러분의 욕망과 바로 그 일에 대해 여러분이 갖고 있는 신념들 사이에서 진동의 섞임이 어떠한지를 명확히 보여주는 지시계indicator입니다. 여러분한테는 여러분이 느끼는 모든 감정, 즉 두려움과 절망에서부터 좌절과 당황 같은 그보다는 좀 괜찮은 감정과, 희망, 사랑, 기쁨, 감사 같은 아주 괜찮은 감정까지 모든 감정들로 구성된 '감정 안내 시스템Emotional Guidance System'이 있어요. 더 괜찮은 쪽으로 감정이 느껴질수록 여러분이 현재 하는 생각과 여러분의 욕망 사이에서 진동의 불일치가 더 적은 겁니다.

천박함 같은 감정이 느껴질 때 그것은 여러분이 천박 원반 위에 서 있다는 얘기이고, 여러분이 그 천박 원반에 서 있는 동안은 다른 천박한 인간들을 만나게 되기가 쉽습니다. 달리 말해서 천박한 인간들을 많이 만나는 날은 여러분이 천박 원반에 서 있다는 사실을 깨닫는 게 좋으리라는 겁니다. 그것이 여러분의 끌어당김 포인트이고, 그래서 그런 사람들이 여러분한테 오는 거예요. 에스더는 그것이 마치 일곱 난장이들과 같다고 말하지요. '천박' 원반이 있고, '행복' 원반이 있고, 그리고 '심술' 원반이 있어요. 그녀에게는 지금 약 200명의 난장이들이 있지요. '수동 공격적' 원반 등등⋯⋯

여러분한테 끌어당김 포인트가 있고 그것을 여러분이 컨트롤할 수 있음을 이해하면 많은 도움이 될 것입니다.

그리고 그것을 컨트롤하는 가장 좋은 기회는 아침마다 잠에서 깨어나는 순간이에요. 여러분의 끌어당김 포인트를 변형시키는 데는 많은 시간이 걸리지 않아요. 20일 또는 30일 또는 40일 또는 50일을 아무 저항 없이 깨어난다면, 그래서 여러분이 처한 상태에 갈수록 덜 저항하기로 의식적으로 집중한다면, 여러분이 느끼는 방식과 경험하는 것들이 크게 달라질 겁니다. 여러분은 통찰력을 얻기 시작하고, 좋게 느껴지는 감정과 좋은 생각 같은 긍정적인 표현들이 여러분에게서 흐르기 시작할 거예요.

의식적으로 그것들을 경험하게 되고 아침 집중의 혜택을 직접 보게 되었을 때 에스더가 말했지요. "제발, 이것을 '네 번째 단계'라고 부릅시다!" '높이 나는 원반' 위에 계속 머물면서 그 상태로 줄곧 아침 시간을 보내고 점심 시간을 보내고 그렇게 하루 종일을 보내면, 그러면 그날 여러분한테 일어나는 기분 좋은 일들과 여러분이 의도적으로 이뤄낸 '저항 없는 진동' 사이에 연관성이 있음을 인식할 수 있을 겁니다. 바로 그때, 오직 그때에만 여러분은 '비물질'과 의식적으로 공동 창조를 할 수 있습니다. 바야흐로 우리는 당신이 '비물질' 속에 대비가 있는지 물은 질문의 핵심으로 들어가고 있어요. 그건 아주 좋은 질문이에요.

그런즉 정말 기분 좋게 '높이 나는 원반' 위에 있는 당신 자신을 보세요. 당신은 그곳에 한동안 있었고, 당신이 거기에 있음을 확인해 주는 경험이 당신한테서 일어나고 있어요. 당신은 좋은 사람들을 만나고, 도로는 뻥 뚫리고, 주차하기 좋은 곳들을 찾게 되지요. 무엇보다도 당신은 명료함을 느낍니다! 당신은 아무런 혼란도 느끼지 않아요. 당신이 경험하는 일들이 모든 방면으로 잘 풀리지요. 그리고 당신은, 앞에서 당신이 말한 대로, 자신이 변화했다고 말할 수 있어요. 당신의 진동이 드라마틱하게 변화했습니다. 그리고 이제 그것을 지속해 나갈 수가 있어요. 당신이 목적을 가지고 그렇게 했기 때문이에요. 당신은 그것을 연습했고, 이제 그걸 가졌어요. 그건 당신 겁니다.

하지만 그렇게 진동이 최상으로 정렬되는 경우에도 여전히 당신한테 문제들이 나타날 수 있어요. 아직 대비가 있기 때문이지요. 하지만 그 문제가 당신을 원반에서 떼어낼 수 없다는 점이 다릅니다. 그 대신 그 문제는 하나의 기회로, 홍미로운 어떤 것으로, 생각해 보고 싶은 무엇으로 보입니다. 당신을 압도하거나 덮치거나 좌절시키는 무엇으로 보이지 않는 겁니다. 이제 대비는 그저 단순한 선택 사항일 뿐이에요.

당신이 진동하고 있다는 걸 이해하고, 어떤 목적을 담아 진동을 보내며, 그렇게 의도적으로 보낸 진동에 모든 것이 어떻게 응답하는지 지켜보는 것, 그래서 새벽 3시 13분처럼 가슴을 울리는 순간들에 깨어나는 것은 사랑스럽고 멋진 일이에요.

✿ 우리가 여전히 몸 속에 있으면서 반대가 없는 사랑, 반대가 없는 기쁨의 상태에 도달할 수 있을까요?

그러기를 바라서는 안 돼요. 그 이유는 대비가 끝나면 확장expansion도 끝나기 때문입니다. 영원을 위해서는 확장이 필수적입니다. 달리 말해서 선택할 것들이 없으면 '더more'는 있을 수 없어요. '더'가 없으면 모든 것이 끝나겠죠.

너무 많은 폭력

✿ 우리 지구별에는 폭력이 너무 많아요. 아버지를 만나러 빌록시에 갔을 때 내 가슴속에도 폭력이 있었지요.

하지만 계속 화가 나 있는 것과 절망감을 느끼는 것은 크게 달라요. 복수심을 느끼는 것과 사랑이나 기쁨, 감사의 감정을 느끼는 것 사이에도 큰 차이가 있고요.

우리는 여러분이 절망감을 느끼느니 차라리 복수심을 느꼈으면 합니다. 우리는 여러분이 죄의식을 느끼느니 차라리 복수심을 느꼈으면 해요. 그리고 우리는 여러분이 화를 내기보다는 압도되기를, 압도되기보다는 희망을 갖기를, 희망을 갖기보다는 사랑을 느끼기를 바랍니다.

달리 말하면 여러분의 진동은 언제라도 더 높아질 수

있고, 그것이 우리가 진정으로 관심하는 거예요. 여러분이 여러분의 길에서 꼼꼼히 살펴 추려내는 대비 덕분에, '근원'이 더욱더 높고 더욱더 순수한 진동들을 계속해서 찾아내는 겁니다.

사람들은 '근원'이 더 이상 확장하지 않는다, '근원'은 마무리되었고 완벽하다, 그래서 사람들이 지금 그 완벽함을 성취하고자 일하고 있는 것이라고 잘못된 생각을 해요. 그러나 진짜로 계속되고 있는 일은 '사람'들이 선택해서 살고 있는 현실 때문에 '근원'이 더 큰 사랑 속으로 확장되고 있다는 것입니다.

여러분 가운데 많은 이들이 극도의 증오 속에 있을 때 여러분은 '근원'으로 하여금 새로운 높이로 더 올라가게끔 만드는 욕망의 로켓들을 발사합니다. 달리 말하면 여러분이 살고 있는 미움 때문에 '비물질' 속의 사랑이 더 커진다는 말이에요. 그것이 우리가 말하는 확장입니다.

하지만 여러분이 새로 창조해 낸 욕망을 가지고 그 대열에 합류하지 않으면, 여러분은 아무런 가치도 실현하지 못합니다. 일단 그 로켓이 발사되어 새로운 욕망이 존재하게 되면 '근원'은 결코 낮은 진동으로 돌아가지 않습니다. 따라서 여러분이 거기에 정렬하기 위해서는 더 높이 진동하기를 추구하고 또 그렇게 진동할 수 있어야 해요. 우리가 '높이 나는 원반' 위에 있으라고 말하는 게 바로 그런 뜻입니다.

에스더가 장난기어린 투로 우리한테 말할 때가 있어요. "아브라함, 나 지금 그리 좋은 기분이 아니에요. 그리고 나는 당신이 나와 섞이려면 당신의 진동을 낮춰야 한다고 생각해요. 내가 지금 느끼는 이 부정적인 감정이 당신은 거기 진동이 높은 데 있고 나는 여기 진동이 낮은 데 있기 때문에 생겼다고 알고 있으니까요. 그러니 당신이 나 있는 곳으로 내려오면 내가 동떨어진 느낌이 안 들겠지요." 그러면 우리는 그녀에게 말하지요. "우리는 내려가지 않아요. 당신이 올라와야 해요."

✿ 하지만 사람들 모두가 올라가야 하는 건 아니지 않습니까?

맞아요. 그런데 여러분이 죽음이라고 부르는 것을 통해

서 '비물질'로 돌아오면 여러분은 다 올라오게 됩니다. 하지만 우리는 여러분이 행복하기 위해서 송장이 되어야 한다고는 생각하지 않아요. 여러분은 여러분 안에 있는 '근원'과 진동으로 정렬되도록 수련할 수 있습니다.

수십이 수백만에게 영향을 끼칠 수 있는가?

❀   하지만 우리 가운데 기껏 하나나 둘, 많아야 수십 명도 안 되는 사람들이 이 '근원 에너지'에, 신성한 사랑의 장소에 근접하여 살고 있습니다.…… 우리가 과연 수백만의 사람들에게 영향을 끼칠 수 있을까요?

여러분은 할 수 있어요. 이 에너지에 연결된 사람 하나가 그렇지 못한 수백만의 사람들보다 힘이 더 크니까요. 하지만 당신 어머니가 순수하고 높은 진동 속에 있으면서도 당신 눈길을 끌지 못했다는 사실을 이해하는 게 중요해요. 달리 말하면 당신 어머니는 '순수하고 긍정적인 에너지'로서 날마다 하루 종일 당신한테 집중하고 있지만, 당신이 어머니의 말을 들으려면 주파수가 맞아야 한다는 말입니다.

'근원'과의 관계도 그래요. '근원'은 아주 높은 주파수 속에 있어요. 여러분이 그것을 느낄 수 있으려면 진동이 거기에 가까워야 합니다. 그것이 느껴질 때까지는 여러분은 그것을 알 수 없어요. 그리고 여러분은 그것을 우리 언어로 들을 수 없습니다. 여러분의 언어로도 들을 수 없고요. 그날 무덤에서 당신한테 일어났던 것처럼, 저항이 해제되는 경험은 다른 무엇으로도 대체할 수 없어요. 일어난 일을 설명해 줄 충분한 언어가 이 세상에는 없습니다.

✿   맞아요.

당신이 저항을 해제하는 그 순간, 당신도 알다시피, '근원 에너지'에 그리고 당신 아버지에 당신이 정렬되었던 겁니다.

✿   다른 사람들이 그것을 이해하도록 돕기 위해서 나에게 주어진 사명이 '가르치는 일'이었어요. 말하자면 내 삶을 완전히 바꾸어놓고

수백만 사람들에게까지 영향을 끼친 것이 바로 그 용서 행위였다는 말입니다.

[장난기어린 말투로] 당신이 거기까지 가는 데 그토록 오래 걸린 이유가 뭔가요? 누구든지 더 좋은 느낌이 드는 것을 그냥 생각만 해도 기분이 더 좋아지잖아요. 그런데 그건 처음에 에스더가 우리한테 자주 했던 말과 같아요. "하지만 아브라함, 그게 그래요. 원치 않는 그 일이 실제로 일어났단 말이에요. 그러니 내가 그 일을 생각하지 않을 수 있었겠어요?"

우리는 에스더에게 이렇게 설명을 했지요. 여러분이 집중할 때 기분 좋게 느껴지는 것들도 많이 있고, 여러분이 집중할 때 무섭게 느껴지는 것들도 많이 있다고. 우리는 어떤 것에 집중할 것인지를 선택해야 한다고. 왜냐하면 무섭게 느껴지는 것들에 집중할 때 여러분은, 마치 여러분의 '근원'에서 벗어난 듯, 거칠고 너덜너덜한 가장자리에 처하게 되기 때문이에요. 물론 여러분은 결코 여러분의 '근원'에서 벗어나지 않아요. '근원'이 여러분을 통해 삶을 인식하는 일을 절대로 멈추지 않기 때문이지요. 하지만 가끔씩 여러분은 여러분으로 하여금 '근원'의 진동에 저항하게 하는 진동 주파수를 고집할 때가 있어요. 그래서 마치 혼자 나동그라져 있는 것 같은 기분이 드는 겁니다. 그리고 그때 여러분이 참으로 많은 깨달음을 놓치고 아주 많은 것을 인식하지 못하게 되는 겁니다.

❀ '근원 에너지'에 근접해서 살고 있는 누군가가 가족이나 공동체에 영향을 끼칠 수 없나요?

있지요. 분명히 있어요.

❀ 아브라함이 지금 하고 있는 일이 그것 아닌가요?

그래요. 하지만 사람들이 준비가 되어 있어야 해요. 그들이 가까운 진동 안에 있어야 합니다. 여러분은 라디오 다이얼을 채널 98에 맞추어놓고서 채널 101의 방송을 들을 수 없어요. 주파수가 맞아야 해요. 일이 잘 풀리지 않을 때 사람들은 너무도 자주 자기를 닦달하지요. 그래서 자기 파괴자가 됩니다. 조금만 노력하면 어느 정도 컨트롤 할 수 있는 진동을 언제든 선택할 수 있다는 사실을 그들이 이해했으면 해요. 그래서 우리가 여러분의 이른 아침 생각을 그토록 강조하는 겁니다. 뭔가 좋은 느낌을 주는 생각을 찾아보고, 어느 정도 원동력이 생길 때까지 그 생각에 머물러 있어보세요. 그러고 나서 여러분이 그렇게 한 덕분에 그날 하루가 어떻게 달라지는지 눈여겨보세요. 그렇게 30일쯤 하고 나면 지금 우리가 무엇을 말하고 있는지 알게 될 거예요.

잠들기 전의 프로그래밍

✤   우리의 잠들기 5분 전은 어떤가요? 나는 사람들에게 잠자리에 들 때 우리의 잠재의식이 프로그래밍을 시작한다는 말을 자주 합니다. 우리가 잠들기 5분 전에 그날 일어난 온갖 잘못된 일들을 떠올리면서 도대체 왜 내가 원하는 일은 일어나지 않는지 생각하고, 앞으로도 그 일이 결코 일어나지 않을 거고. 그러면 내가 경제적으로 어려워지면서 결국 병이 들 거라고 생각한다면, 그게 우리 마음을 프로그래밍하는 것이 아니겠어요? 그리고 우리가 잠에서 깨어나면 우리가 거기에 둔 것에 딱 들어맞는 경험들을 '우주'가 제공하고요.

그래요, 당신 말에 동의합니다.

✤   그래서 나한테는 그 마지막 5분에 우리가 자기 자신이라고 생

각하는 모든 것을 쏟아내고 싶어 하는 것처럼 보여요. 나는……

 하지만 여기 이런 게 있어요. 여러분이 힘든 하루를 보냈다면 여러분은 마지막 5분 동안 그것을 단지 다른 방식으로, 즉 긍정적으로 말하는 것만으로는 안 됩니다. '우주'는 여러분이 하는 말을 듣지 않으니까요. '우주'는 여러분이 어떻게 느끼는지를 듣습니다. 그러므로 정말 좋은 기분을 느낄 수 있는 가장 좋은 기회는 원동력이 커지는 낮 다음이 아니라 원동력이 둔해지는 밤 다음입니다.

✿ 아주 좋은 말씀이네요.

 그래요. 분명, 긍정적으로 말하는 건 늘 좋죠. 하지만 여러분은 가끔 자기 생각에 도전하는 자신을 보기도 하지 않나요? 사람들은 자기가 생각을 한다기보다 생각이 생각의 꼬리를 물고 일어나는 것처럼 느낄 때가 가끔 있지요. 부정적인 생각이 꼬리를 물고 일어나거든 할 수 있는 한 그것을 일반화시켜 보세요. 그것의 세부적인 내용을 파고

들지 말고 거기에서 물러서 보라는 말입니다.

⚙ 이런 생각이 드네요. 우리가 여덟 시간 잠을 잔다고 치면 우리
가 잠재의식에 방금 채워놓은 생각들에, 마치 양념에 절여지듯이 절
여지는 거라고요.

그렇지 않아요. 우리가 정말로 설명하고 싶은 게 바로
그거예요. '끌어당김의 법칙'은, 그리고 '끌어당김의 법칙'
의 원동력은 여러분이 무의식 상태일 때는 작용하지 않아
요. 여러분이 잠에서 깨어날 때 여러분은 다시 집중하게
될 것이고, 그러면 여러분의 생각 습관, 여러분의 신념, 여
러분의 사고 성향이 잠들기 전에 중단되었던 그 자리에서
다시 작용하기 시작하리라는 게…… 논리적으로 맞는 말
이에요. 하지만 다른 궤도를 탈 수 있다는 사실을 새롭게
이해한다면 그것은 바뀔 수 있어요.

전에 어떤 사람이 우리에게 아주 멋진 말을 했는데, 그
사람은 의식적으로 높은 느낌의 진동 안에서 깨어나 하루
종일 그 상태를 계속 유지하려고 노력하고 있었어요. 60일

째인가 70일째인가 그렇게 하고 있다고 했지요. 그가 우리에게 이렇게 말했답니다. "이젠 내가 거기에 '끈으로 묶여 있는tethered' 것처럼 느껴져요. 때로 내가 아래로 깊이 가라앉아도 그게 마치 번지 점프 줄처럼 나를 다시 위로 끌어올리는 것 같아요."

그래서 우리가 말했죠. "그것이 바로 우리가 이 '비물질 당신'에 대해 말하고 있는 것입니다." 여러분은 끈으로 묶여 있습니다. 여러분은 이 '순수하고 긍정적인 에너지'에 묶여 있어요. 하지만 여러분은 번지 점프 줄을 늘여서 한계 밖으로 뻗어나갈 수 있을 만큼 순수하고 높은 진동수에는 속해 있지 못해요. 한계 안에만 머물도록 교육을 받았으니까요. 여러분은 지금 여러분에게 도움이 되지 않는, 여러분의 '참 자아'가 아닌 진동 안에서 배회하고 있어요. 하지만 원래의 탄력을 회복하는 데는 많은 것이 필요하지 않습니다.

❂ 그건 일종의 조건화 과정 같은 건가요? 내 말은, 우리가 어린 소년소녀였을 때부터 그랬듯이, 무엇은 할 수 있고 무엇은 할 수 없

고 무엇은 가능하고 무엇은 불가능하다는 그런 말을 듣고 있는 거냐는 말입니다.

그래요. 알지 못하는 사람들, 낮은 원반 위에서 보고 있는 사람들, 여러분이 반드시 실패할 거라고 여기면서 여러분이 그 실패에 대비하길 바라는 사람들한테서 그런 말을 듣고 있는 거지요. 어린 시절 여러분은 그런 말을 조금도 좋아하지 않았어요. 처음에 여러분은 거기에 반항했죠. 여러분 안에 있는 '근원'은 여러분의 '참 자아'를 알고, 여러분에게 늘 그것을 일러주고 있어요. 그래서 여러분이, 때로는 잠자다 말고 새벽 3시 13분에, 그런 생각들을 경험했던 겁니다.

부모와 자녀 사이의 역학 관계

✷   윌리엄 워즈워드William Wordsworth라는 시인이 이런 말을 했지요. "우리의 태어남은 한갓 잠이요 망각일 뿐이다.…… 천국은 우리 어린 시절 속에 누워 있다."

 망각이라고 한 것은 여러분이 자세하게 기억하지 못한다는 뜻에서 한 말입니다. 하지만 여러분은 자신이 가치 있는 존재임을 기억합니다. 여러분은 자신의 가치를 알고 있어요. 여러분이 이 땅에 목적을 지니고 왔다는 사실을 알고 있다는 말입니다. 그래서 사람들이 그와 다른 말을 할 때 처음부터 그 말을 잘 받아들이지 않는 겁니다. 그들은 여러분이 자라면서 그 기억을 놓아버리도록 여러분을 길들일 수 있지요. 하지만 여러분은 튀어나올 수 있어요.

내일 아침 시작해 봐요.

⚙️ 그러지요. 하지만 나는 저 밖에 있는 모든 부모들을 생각하고 있어요. 얼마나 자주 그들은 "이건 하면 안 돼" "저건 불가능해" 하는 말들로 자녀들을 길들이는지……

우리가 부모들에게 한 가지 권한다면, 그것은 여러분의 감정 원반emotional disc을 신중하게 선택하고 나서—즉 여러분의 '참 자아'에 자신을 정렬시키고 나서—아이들에게 말을 하라는 것입니다. 눈앞에 벌어지고 있는 일을 핑계삼아 감정 원반을 선택하지 마세요. 아이들이 잘못을 했다거나 말을 안 듣는다는 이유로 지금의 느낌을 정당화하지 말라는 얘기예요.

원치 않는 일들을 지켜보는 것이 여러분으로 하여금 원치 않는 감정 원반을 선택하게 만듭니다. 그 때문에 평생을 증오로 사는 사람들도 있어요. 그러나 여러분은 좋은 느낌을 갖기 원하기 때문에 자신이 무엇에 집중할지 선택할 수 있고, 그때 영감어린 말들이 뒤따라 나올 것입니다.

다른 사람들 역시 '내적 존재Inner Being'가 있다는 걸 기억하세요.

여러분의 '내적 존재'는 여러분이 요청하는 모든 것을 알고 있습니다. 그는 이 진동하는 현실vibrational reality 안을 휘돌고 있어요. 여러분의 '내적 존재'는 여러분이 원하는 모든 것을 알고, 지금 여러분이 자기가 원하는 것들과 어디에서 관계를 맺고 있는지도 알아요. 또한 여러분의 '내적 존재'는 여러분의 욕망을 실현하는 데 가장 저항이 적은 길이 무엇인지도 압니다. 그런즉 가장 저항이 적게 느껴지는 길을 닦아 나아가기 시작할 때 여러분은 다른 사람들도 안내할 수 있게 됩니다.

☼　우리가 어린 아기들한테서 그걸 얻을 수 없나요? 내 말은, 우리가 어린 아기들한테서 배울 수 없느냐는 겁니다.

그럴 수 있어요. 어린 아기들과 함께 많은 시간을 보내세요. 아기들은 그걸 알아요.

⚙ 맞아요. 최근에 나는 제시라는 어린 아기와 함께 꽤 긴 시간을 보낸 적이 있어요. 두 살배기였지요. 그리고……

당신은 그 아기의 지혜를 느낄 수 있어요.

⚙ 이럴 수가.

그 아기의 앎, 그 아기의 사랑을.

⚙ 나는 그 아기와 그저 사랑 속에 있을 뿐이죠. 그 아기를 안고 수영장으로 내려갈 때 나는 아기와 단 둘이만 있으면서, 아기의 눈을 들여다보고, 아기에게 하느님에 대해 물을 뿐입니다. 나는 아기에게 근원 에너지에 대해서 물어요. 내가 말하지요, "좀 더 얘기해 줘."

아기는 이렇게 말하죠. "너는 이 모든 걸 너무 중요하게 여겨." "내가 아직 생각하고 싶지 않은 것들은 생각하게 만들지 마." "나는 여기가 새로워. 정말 나는 이게 좋아." "모두 나처럼 그걸 느꼈으면 좋겠어." "내 인생의 모든 날들을 통해 '근원 에너지'와의 이 정렬 상태를 계속 유지하고 싶어." 그리고 "너처럼 그 모든 것에 다시 연결된 사람하고 같이 있는 게 재미있어. 너는 정말 좋게 느껴져. 너는 대다수 사람들과는 다른 느낌이야. 너는, 내가 알기에, 네가 되기로 한 바로 그 사람 같아. 내가 너한테 끌리는 건 그래서야." 이것들이 그 아기가 하는 말이랍니다.

✿ 놀랍네요, 아브라함. 내가 그 아기를 처음 보았을 때 — 다섯 달 아니면 여섯 달쯤 되었을 때인데요 — 그 아기가 누군지 알아봤으니까요. 그 아기는 단지 귀엽게 생긴 어린애가 아니었어요. 나는 그 아기에게서 어린 아기인 나 자신을 보았습니다.

당신은 그 아기가 근원 에너지와 정렬되어 있는 것에서 공명을 느꼈던 겁니다. 다른 말로 하면, 그 아기는 근원 에너지에 주파수가 맞춰져 있고, 그것과 같은 박자로 움직이며, 그것이 켜진 상태로 움직이고 있다는 말입니다. 그 아기는 그것과 단절되지 않았어요. 당신도 알다시피, 그 아기는 아직 그것과 끈으로 묶여 있어요.

✿　그 아기는 오로지 큰 기쁨만 줘요. 그 아기를 생각만 해도, 그 작은 얼굴과 웃는 모습을 생각만 해도 말이죠.

　새로운 존재들이 세상에 올 때 그들은 이 세상에 큰 가치를 가져다줍니다. 여러분이 그들을 가르치려고 여기 있는 줄 알지만 실제로는 그들이 여러분을 가르치려고 오는 겁니다. 그들이 여러분에게 '높이 나는 원반'에 대해 가르쳐요.―동물들도 여러분을 가르치고 있고요.―그들이 여러분한테 말합니다. "뒤죽박죽으로 망치지 마."

✿　그런데 우리는 뒤죽박죽으로 망치지요.

　여러분이 그러려고 그러는 건 아니에요. 그래야 하는 것도 아니고. 그리고 그렇게 할 때 여러분은 기분이 안 좋지요. 여러분이 '참 자아'의 진동에서 벗어날 때마다 여러분은 '참 자아'와의 연결이 끊어지는 듯한 기분을 느낍니다. 그리고 더 이상 여러분이 그 연결을 끊지 않을 때 여러분은 안도감을 느끼고요. 더 이상 '근원과의 연결'을 끊지 않는 연습을 하고자 한다면, 저항이 느껴지는 어떤 사안을 골라서 그것에 더 일반적인 태도를 취해보세요. 그리고 무슨 일이 일어나는지 지켜보는 겁니다.

❁   무슨 뜻인가요?

예를 들어보지요. 전에 당신이 무덤에서 당신의 '참 자아'와 다시 정렬되는 놀라운 일을 겪었던 때로 돌아가 봅시다. 결코 잘살았다고 할 수 없는 당신 아버지의 부적절한 처사들에 여전히 불만스러워하던 때로 한번 돌아가 봐요. 그런 감정에 여전히 사로잡혀 있었던 때로요. 당신은 그 불편함을 아주 강하게 느끼지요. 당신은 그 불편함을 느끼고 싶지 않지만 이미 일어난 일을 바꿀 수는 없죠. 아버지에 대해 당신이 들은 이야기들을 바꿀 수도 없고, 그 이야기에 대한 당신의 느낌을 바꿀 방법도 없어 보입니다. 그것은 당신 안에 있는 강한 원동력이지만, 당신은 그런 느낌을 좋아하지 않아요.

당신은 더 좋은 느낌이 드는 다른 일들을 생각할 수도

있어요. 하지만 부모 자식 관계 같은 중요한 일에는 그런 불편한 감정이 종종 따르지요. 아이가 있는 부모들을 볼 때면 당신은 생각나는 것들이 참 많이 있어요. 그래서 당신한테는 저항을 덜어주는 방법을 찾는 게 중요한데도 오히려 당신은 이렇게 말을 하지요. "그 남자가 어떻게 우리를 버리고 떠날 수 있었는지 나는 믿을 수가 없어. 그 자가 우리에게 등을 돌렸다는 걸 믿을 수가 없어." 그리고 이런 생각들과 더불어 부정적인 원동력이 더욱 강해지는 겁니다.

"그 사람은 한 번도 되돌아보지 않았어. 내가 살아있다는 걸 알기나 했는지 몰라. 나에게 조금도 관심이 없었어. 다른 사람한테는 아무 관심도 없는 사람이었어. 우리 어머니한테도 관심이 없었지." 바야흐로 부정적인 원동력이 더욱 박차를 가하고 있습니다.

그런 생각을 많이 하면 많이 할수록 그만큼 원동력은 더 빨라지고 당신의 느낌은 더 고약해지지요. 그런 식으로 당신은 자신의 '참 자아'와 오랫동안 정렬되지 않은 상태로 있을 만큼 강한 부정적 원동력을 얻을 수 있습니다.

하지만 당신이 그렇게 하고 싶어 하지 않는다는 걸 스스로도 알고 있다고 해봅시다. 어쩌면 당신이 우리 비슷한 누구한테서 말을 들었을 수도 있어요. 그래서 당신이 스스로에게 이렇게 말을 하는 겁니다.

"나는 그저 이 일을 더 좋게 느끼기를 바랄 뿐이다. 그리고 나는 우리 아버지가 무슨 생각을 하고 있었는지 정말 모른다. 그의 세계에서 무슨 일이 일어나고 있었는지도 모른다. 그가 무엇을 어떻게 느꼈는지 아무도 나에게 말해 주지 않았다. 그는 산산이 부서진 느낌이었을 수도 있다. 우리한테 줄 게 아무것도 없다고 느꼈을지도 모른다. 어쩌면 자기가 없는 게 더 나을 것이라고 느꼈을 수도 있다. 그가 정말 무슨 느낌이었는지 나는 모른다. 내가 아는 건 이 시공간 현실로 들어오는 길을 그가 내게 마련해 주었다는 사실이다. 그 사실이 나는 기쁘다. 나는 일찍부터 나에게 많은 대비가 있었음을 알고, 그것이 나에게 도움을 주었다고 생각한다. 그리고 나는 내가 이것을 놓아버릴 때 느끼게 될 안도감에 중요한 의미가 있다는 걸 안다. 나는 '근원'이 그를 미워한다고는 믿지 않는다."

✿　동의합니다.

"나는 그의 잘못된 점에 '근원'이 집중한다고 믿지 않는
다. 아, 어쩌면 그래서 내가 이토록 무서움을 느끼는 건지
모르겠다. 우리 아버지에 대한 '근원'의 견해가 나의 생각
과 다르기 때문에."

✿　그리고 내가 이 형체form 밖으로 나갈 때는?

당신은 모든 것에 대한 '근원'의 견해 속으로 다시 출현
할 것입니다.

✿　우리 아버지는 어떤가요? 아버지도 거기에 있을까요?

바로 거기. 아, 바로 거기. 바로 거기. 그리고 어떤 설명도
필요치 않음. 종결을 찾지 마세요. 종결은 없습니다. 언제
나 열려 있을 뿐. 당신이 무언가의 바닥에 이르는 일은 결
코 없어요. '끌어당김의 법칙'은 단지 당신에게 더 자세한

내용을 줄 뿐입니다.

❀ 거기에 이르기 위하여 그 모든 대비, 그 모든 분노가 나에게 필요했던 겁니까?

당신은 그런 것들이 필요 없었어요. 하지만 당신은 그것들을 원치 않은 것도 아니에요. 당신이 그랬죠. "나는 앞으로 나아갈 것이다. 나는 그것을 알아낼 것이다. 나는 교사다. 나는 많은 사람들을 가르칠 것이다. 대다수 사람들은 깃털로 덮인 포근한 둥지에서 태어나지도 않고 '높이 나는 원반' 위에 있지도 않다. 나는 교사다. 나는 그들에게 도움이 되는 책들을 쓰고 싶다. 그리고 나는 내가 모르는 것을 쓸 수 없다."

이제 나는 명료하게 볼 수 있다

☼   아, 당신이 내 속의 무엇을 건드렸는지 당신은 모를 겁니다. 왜냐하면 내가 막 《이제 나는 명료하게 볼 수 있다*I Can See Clearly Now*》라는 제목의 책을 썼거든요.

'명료함clarity'은 에스더가 좋아하는 말이죠. 여러분이 '높이 나는 원반' 위에 있을 때 다른 어느 때보다 더 명료하게 느끼기 때문이에요. 마음이 명료해졌다는 것은 제자리에 단단히 서서 다음에 무엇을 할지 안다는 뜻이고, 그래서 놀라운 겁니다. 그 책 제목이 《이제 나는 명료하게 볼 수 있다》라고 하였나요?

☼   〈이제 나는 명료하게 볼 수 있다〉, 노래도 나왔지요……

"나는 이 물질 몸으로 들어오기 전에 알았던 모든 것을, 그리고 내 물질 흔적을 따라오며 챙겼던 아주 많은 것들을 기억한다. 내가 살았던 그 모든 대비들이 오랫동안 내가 보려 하지 않은 것들을 나의 '소용돌이Vortex' 속에 넣었다. 하지만 이제 나는 내가 거기 둔 모든 것들에 '진동하는 짝Vibrational Match'이고, 그것은 내가 창조한 아름다운 세계이다."

"나는 스무 번 내지 서른 번의 생애 동안 바쁘게 매달렸던 많은 것들을 내 '소용돌이' 속에 넣었으나, 이제 그 모든 것을 간절히 열망한다. 나는 세상이 어디로 가고 있는지 안다. 나는 다른 사람들한테도 이런 일을 할 능력이 있음을 안다. 그 누구도 자기를 불편한 상태 혹은 연결이 끊어진 상태에 붙잡아둘 필요가 없다는 것도 안다. 그래야 할 이유가 없다. 나는 '근원'이 우리 모두를 위해 여기 있으면서, 우리에게 속삭이고, 우리에게 분명히 말하고 있다는 걸 안다. 우리 모두가 해야 할 일은 그냥 조금 더 잘 듣는 것뿐이다."

✿   내가 당신한테 묻고자 했던 게 바로 그겁니다. 내가 그 책에 58개의 장章을 썼는데, 그 모든 장들이 각기…… 그러니까 내가 이 길로 가다가 갑자기 왼쪽으로 돌기도 하고, 오른쪽으로 돌기도 하고, 뒤로 돌아가기도 하고 그러거든요. 당신도 알겠지만, 대중을 위해 쓴 앞의 다섯 권의 책에서 나는 한 번도 '영spirit, 하느님God, 의식 consciousness' 같은 단어들을 언급하지 않았어요. 더 높은 의식도 언급한 적이 없습니다. 나는 심리학 등등에 관한 책을 썼어요.

당신 독자들은 준비되어 있지 않았어요.

✿   당시 나는 《네가 그것을 믿을 때 그것을 보리라You'll See It When You Believe It》라는 제목으로 책을 썼는데, 그 책의 색인을 보면 그런 것들에 대한 언급이 서른아홉 번이나 나와요. 그리고 그것으로 다음 책의 제목을 삼아서 강의도 했고요.

거기에 어떤 힘이 있는 걸까요? 내가 롱아일랜드 고속도로에서 극적인 변화를 경험했기에 하는 말입니다. 아버지 무덤에 다녀온 지 얼마 되지 않은 1976년, 나는 대학에서 학생들을 가르치고 있었는데, 그때 롱아일랜드 고속도로 — 롱아일랜드 고속도로Long Island

Expressway의 약자 'LIE'는 '거짓말lie'을 뜻하죠 — 를 달리다가 차를 갓길에 세웠지요. 내 의지가 아니라 뭔가 강력한 힘에 이끌려 차를 세운 거였어요. 그 무렵 나는 대학에서 종신 교수직을 눈앞에 둔 상태였어요. 모두가 그것을 추구하고 또 원했지요. 남은 인생을 한 직장에서 일하며 살 수 있다는 얘기니까요. 지난 6년 동안 해오던 일을 앞으로도 계속하면서 그곳 학교에 몸담을 수 있다는 보장을 받는 겁니다.

하지만 종신 교수가 된다는 게 나한테는 두려움의 느낌으로 다가왔어요. 어떻게 종신 교수직을 거절을 하지? 거기가 얼마나 앉기 어려운 자리인데…… 마침내 정교수가 된다는 건데, 평생이 보장된 직장을 갖게 되는 건데, 그걸 어떻게 거절을 해!

나는 갓길에 차를 세웠고, 뭔가가 나를 완전히 사로잡았어요. 정말로 얼굴이 후끈 달아오르면서 다시 차로 돌아갔지요. 나는 가족한테도 전화하지 않았어요. 곧장 차를 대학으로 몰아, 학장 — 이름이 사라 파센마이어였어요 — 의 집무실로 갔습니다. 그리고 말했죠. "학장님, 이게 내 마지막 학기예요." 그러고는 내가 쓴 책 《당신의 실수 구역들Your Erroneous Zones》(한국에서는 《행복한 이기주의자》라는 제목으로 출간되었다 — 옮긴이)을 꺼내 보이며 말했어요. "더는 못하겠어요."

그 얘기를 《이제 나는 명료하게 볼 수 있다》에 썼죠. 그 강력한 순간에 내가 안 거죠. 그게 '근원' 에너지였나요? 그게 무엇이었죠? 아무튼 그 순간부터 나는 직장의 피고용자로서 얻을 수 있는 모든 이익을 포기했습니다.

당신은 노예의 사슬을 버렸어요.

✲ 예, 그랬죠. 그렇게 결심하고 나서 일이 이루어지는 대로 놔두었더니 첫해에 벌어들인 돈이 과거 36년 동안 번 돈보다 많았어요. 그건 그냥 조그만 일화에 불과합니다.

앞에서 여러분이 바라는 모든 것이 여러분의 진동하는 현실vibrational reality —우리는 그걸 여러분의 '소용돌이'라고 부르는데—안에 있다고 말한 게 바로 그 뜻이었어요. 그리고 여러분 안에 있는 '근원'은 그 모든 것이 어디에 있는지 알고 있고, 여러분을 그리로 인도하는, 저항이 가장 적은 길도 알고 있지요. 그 길은 그저 최종 결과만을 향해 가는 길이 아니라, 길을 가는 과정 자체가 너무나도 재미

있는 그런 길이에요.

그래서 여러분이 이 물질의 몸으로 들어왔을 때 우리가 말하는 궤도, '웰빙'의 궤도가 있었던 겁니다. 그걸 저항이 가장 적은 길이라고 부릅시다. 쉬운 길, 재미난 길, 여러분의 지복至福이 따라오는 길, 기쁨의 길. 세상 대부분 사람들은 저항이 가장 적은 길로 간다는 생각을 좋아하지 않아요. 그들에게는 그저 게으름으로 보일 따름이지요.

그래서 여러분은 다른 것들을 선택해서 그 자리에 조그만 곁길을 내는 겁니다. 여러분은 여러분이 얻은 모든 것을 그 곁길에 갖다 쏟지요. 하지만 그렇게 하는 동안에도 여러분은 내내 여러분이 타고난 본연의 길이 자신을 부르고 있음을 느낄 수 있어요. 그리고 마지막에 가서는 여러분의 '참 자아'의 궤도가 언제든지, 언제든지 이깁니다.

무엇이 여러분으로 하여금 마음 놓고 쉬면서 여러분 본연의 '웰빙' 앞에 자신을 내려놓는 걸 그토록 오랫동안 가로막는 걸까요? 그것은 여러분이 여러분 내부의 '근원'이 아는 것에 귀 기울이는 것이 아니라, 자기네를 기쁘게 해주기 위하여 여러분이 해야 할 일들의 목록을 갖고 있는 사람들에게 귀를 기울이기 때문이에요.

✿ 앞에서 당신이 나에게 해준 말이 심금을 울렸어요. 당신이 나를 교사라고 말했을 때요. 당신은 그 전에도 같은 말을 다섯 번인가 여섯 번 해주었죠. 오늘 이 자리에서 나는 거듭거듭 말했어요. "나는 교사이다. 나는 피고용자가 아니다. 나는 내가 어디로 갈지, 일을 어떻게 할지에 대해 누구한테서 말을 들어야 하는 사람이 아니다."

"나는 근원 에너지가 확장된 존재이다. 나는 내 진동 주파수를 나의 참 본성에 정렬되도록 끌어올렸기 때문에 그보다 못한 것은 무엇이든 나와 맞지 않는다고 느낀다. 나는 내 느낌에 마음을 쓰고, 그래서 좋게 느껴지는 쪽으로 나를 쉽게 안내한다. 그러므로 나는 항상 내 길 위에 있다." [아브라함이 청중을 향하여] 그리고 이 책이 여러분을 여러분의 길로 인도할 것입니다.

✿ 좋은 느낌이 드는 것들은 더 안전하거나 더 쉬울 것이라고 우리는 종종 착각하지요. 하지만 속에서는 그런 게 썩 좋게 느껴지지 않

습니다.

더 안전한 것이 두렵거나 위험한 것보다는 더 좋은 느낌을 주고, 그래서 그쪽으로 가는 것은 옳은 방향으로 한 걸음 나아가는 것입니다. 하지만 여러분은 오랫동안 안전함에만 머물 수는 없어요. 여러분은 진동을 시작할 수 있고, 그때 그와 비슷한 다른 것들이 나타날 테니까요. 이는 여러분 모두가 밟아나가는 과정self-course입니다. 그리고 여러분에게는 그 길을 가는 모든 걸음을 안내해 주는 '근원 에너지'가 있어요. 그러니 좋은 느낌을 주는 어떤 것이 있거든 그 길로 가세요.

어떤 선택을 할지 정해져 있다?

❀   나한테는 칼 융Carl Jung이라는 큰 선생님이 있었어요. 젊어서는 융 학파의 정신분석가가 되려고 공부하기도 했지요. 그가 이런 말을 했어요. "인생에서 당신이 주인공이 되어 뭔가를 선택하는 바로 그 순간, 당신은 훨씬 큰 드라마 속에서 소품을 나르는 인부이거나 엑스트라이다." 또 이런 말도 했지요. "당신들 모두 어떤 선택들을 할지 정해져 있다." 이 말은 하나의 '대비contrast'처럼 들립니다. 만일 우리가 운명이 정해져 있다면, 어떻게 선택을 할 수 있다는 말입니까?

하지만 우리 몸이 어떤 모습일지는 이미 정해져 있어요. 예컨대 에스더는 일정한 키에 일정한 머리 색깔에 일정한 모습을 한 여자 몸으로 나타나 있습니다. 그리고 나는 키가 185센티미터인 남자의 몸으로, 머리는 벗겨지고, 귓속엔 털이 자라고, 그밖에 몸에 온갖 끔찍한 것들이 있는 모습으로 나타나 있고요. 나는 그걸 그냥 바라볼

따름입니다.

　나는 동시에 이 몸에 대해서 선택을 하기도 해요. 나는 몸을 잘 먹일 수 있어요. 몸을 운동시킬 수도 있고요. 아주 많은 일을 할 수 있습니다. 그러니까 나는 어느 정도 운명이 정해져 있는 상태에서 선택들을 하고 있는 겁니다. 하지만 우리의 다른 부분, 우리의 영적인 부분은 어떤가요?

　음, 누군가 지금 이 순간 '높이 나는 원반' 위에 있지 않은 사람에게 설명을 하면서 왜 '운명이 정해져 있다 doomed'와 같은 말을 쓰는지 이해할 수 있습니다.

⚙ 맞아요. 당신도 알다시피, 그가 일부러 그런 표현을 쓴 건 아니지만……

　그 말은 원치 않는 선택들이 있다는 뜻이지요. 하지만 우리가 주목해 온 건, 여러분이 인생의 소소한 것들까지 오래도록 잘 살피고 걸러서 개인적으로 좋아하는 일들이 여러분 안에 더 많아질수록 여러분의 '참 자아'와 여러분이 원하는 것이 무엇인지 더욱더 분명히 알게 된다는 사실입니다. 그리고 대개는 그때 우리가 여러분을 만나기 시작합니다. 그때 여러분은 자신의 현실을 더 많이 통제하기를 바라지요. 어떻게 시작해야 할지는 아직 모르더라도 말이에요.

이것이 요즘 우리가 물질 친구들과 나누는 새로운 대화예요. 왜냐하면 우리가 '비물질'의 상태에서 하는 것보다 훨씬 더 많은 대비를 탐구하고자 여러분이 물질 몸을 하고 태어났다는 사실을 여러분이 이해했으면 하기 때문입니다. 이 시공간 현실 안에서 진보를 이뤄나가고자 하는 더욱 구체적인 욕망이 그 대비에서 나옵니다. 모든 종種의 진화는 대비를 경험하는 데 달려 있으니까요.

하지만 대비를 탐험할 때, 여러분은 "이것은 좋아" 또는 "이것은 나빠" 하는 식으로 비교하면서 모든 사람이 거기에 동의해야 한다고 생각합니다. 하지만 이는 여러분 모두가 물질의 몸으로 올 때 가졌던 의도들을 깡그리 거부하는 것입니다. 그런 식으로 생각하는 것은 여러분 안에 있는 의식을 고갈시키고, 그 결과 세계를 창조하는 '에너지'

에 다가가기보다, 또 여러분이 살아온 삶을 진정으로 사랑하기보다, 대부분 몸을 입고 살면서 이룬 성과들을 놓고 싸움이나 벌이게 만들 뿐입니다.

여러분이 좋은 느낌이 아닐 때, 어떤 것이 바르게 사는 길인지 결정하기 위해서 서로 경험들을 견주고 재어보고 하는 것은 이해할 수 있습니다. 그러나 우리는 여러분이 '진동'이라는 사실을 잠깐이라도 받아들여 보기를 바랍니다. 여러분이 물질의 몸 안에 있는 '근원 에너지'임을 받아들여 보세요. 여러분이 진동하고 있다는 사실, 그리고 바로 그 진동에 '끌어당김의 법칙'이 반응하고 있다는 사실을 받아들여 보라는 겁니다.

'근원'의 견해가, 또 이 순간에 집중되어 있을 때의 여러분의 견해가 여러분에게 '안내 시스템'을 제공하며, 그 안내 시스템의 도움으로 여러분이 '참 자아'에 그리고 이곳에서 살아보고자 이 몸 안으로 들어왔다는 사실에 다시 연결될 수 있다는 점을 받아들이세요.

이렇게 말하면 여러분이 마치 줄에 매달린 꼭두각시인 것처럼, 여러분이 어떻게 살아야 할지 '근원 에너지'가 이미 정해두었다는 것처럼 들릴 수 있을 겁니다. 하지만 그건 결코 우리가 말하려는 바가 아니에요. 여러분이 물질적 삶의 대비를 잘 살펴서 걸러낼 때 여러분은 확장되었고, 여러분의 '내적 존재'는 그 확장과 진동이 똑같아졌습니다. 그러므로 여러분의 느낌을 잘 돌아보고 좋게 느껴지는 것들을 하면서 살아갈 때 여러분은 바로 지금 여기에서 그 확장된 버전version이 되는 것입니다.

그리고 그때 여러분이 처음 느끼는 것이 명료함이에요. 어느 길로 갈 것인지에 대한 명료함, 이 일을 할 것인지 말 것인지에 대한 명료함, 이 대화를 할 것인지 말 것인지에 대한 명료함, 거기에 투자할 것인지 말 것인지에 대한 명료함, 그와 결혼할 것인지 말 것인지에 대한 명료함! '더욱 넓은 시각'이 여러분의 '참 자아'를 알고, 여러분에 관한 모든 것을 알고, 그래서 매우 강하고 매우 분명한 견해를 제공하기 때문입니다.

하지만 여러분이 그 '안내'에 예민하게 깨어 있으려면 여러분 '근원'의 진동 주파수에 파장을 맞추는 법을 연습해야 합니다. 그러지 않으면 정말 비참해질 거예요. 여러분

주변의 모든 것이 여러분한테 다른 것들을 요구할 테니까요. "이 길로 가라." "이 길로 가라." "이 길로 가라." "이 길로 가라." "이 길로 가라." 이렇게요.

당신의 길 위에 있어라

✿   우리한테 법dharma이 있음을, 우리한테 운명이 있음을, 우리한테 그 무언가가 있음을 안다면, 우리는 아마도 위대한 예술가일 겁니다. 나한테는 그것이 교사이고, 저술가였지요. 내가 갖고 있는 확실한 것들이요……

당신에게 그것은 '위로 끌어올리는 사람uplifter'이에요. 당신에게 그것은 '빛을 지키는 사람'이에요. 그래서 다른 사람들도 그 빛을 볼 수 있도록이요.

✿   하지만 내가 그 길에서 벗어났을 때, 거기에서 떠났을 때, 내 인생에서 가장 큰 변화가 일어났고, 그때 나는 내 인생에서 가장 밑바닥 자리에 있었어요.

그래요, 물론이죠. 당신이 원치 않는 게 무엇인지 알기 전에는 당신이 원하는 게 무엇인지 모르니까요. 그리고 그 대비 가운데 어떤 것은 꽤나 큰 로켓을 발사하지요. 또한 그것은 당신이 '감정 안내 시스템'에 접속할 수 있게 하고, 그리하여 당신이 언제 길 위에 머물러 있고 언제 길을 벗어나는지 당신이 알아차릴 수 있게 해줘요.

☼ 말하자면 이게 사전에 프로그램된 '근원 에너지'인가요? 지금 이 시간 여기에서 자신이 이루기로 되어 있는 그런 것이 자기한테 있는 겁니까? '이룬다accomplish'는 말이 적절치 않다는 건 압니다만……

그건 그렇지 않아요. 당신은 자유와 성장과 기쁨을 맛보려고 왔습니다.

☼ 그리고 자신이 그것에서 멀어질 때, 자기를 자유로부터, 기쁨으로부터, 사랑으로부터 멀어지게 하는 길 위에 있을 때……

안타깝군요.

❄ 예. 하지만 바로 그 순간 '신성한 안내자'가 우리 삶 속으로 들어와서 말을 해요. "괜찮아……"

'신성한 안내자'는 언제나, 언제나, 언제나 여러분 안에 있어요. '신성한 안내자'는 결코 떠나지 않습니다. 바로 그 대비가 여러분으로 하여금 '신성한 안내자'의 말을 더 잘 듣게 해줍니다. 에스더가 자신이 몰랐던 정렬이 가능함을 발견할 수 있었던 것은 제리가 몸을 변환시켰을 때 느꼈던 불편함 때문이었어요. 처음엔 그것이 슬펐지만 지금은 가치 있게 느끼고 있죠.

❄ 그래요. 한번은 《뉴욕 타임스》에서 나를 인터뷰했는데 그 자리에 아서 밀러Arthur Miller가 있었지요. 알다시피 아서 밀러는 대중에게 《세일즈맨의 죽음Death of a Salesman》이나 《시련The Crucible》 같은 작품으로 알려져 있는 미국의 위대한 극작가입니다. 그때 그가 91세였어요. 인터뷰어가 그에게 물었지요. "다른 작품을 하실 건가요?" 나는 그의 대답을 잊을 수 없습니다. 그 말이 나에게 정말로 반향을 불러일으켰거든요. 그가 말했죠. "모르겠소. 하지만 아마도 그럴 거요."

(I don't know, but I probably am.) 그러니까, 내 생각인데, 우리가 두고 있는 이 체커 게임에서 다른 무엇이 체커들을 이리저리 움직이고 있다는 말입니다.

음, 이게 삶이 작동하는 방식이에요. 삶은 여러분으로 하여금 계속해서 요구하게 하고, 그리고 그렇게 요구할 때 여러분은 여러분이 아직 현재화하지 않은 진동 현실 속에 그 욕망들, 좋아하는 것들을 계속 가져다놓는 거죠. 그래요, 그래서 그가 다른 희곡을 쓰게 되는 겁니다. 그것은 이미 진동하는 현실 속에 있지요. 그리고 자기가 얼마나 지쳐 있는지 아느냐고 투정하기를 멈출 때, 사람들이 자기 원고를 얼마나 함부로 다루는지 호들갑 떨기를 멈출 때, 그러곤 편안히 잠자리에 들 때, 그는 감명 속에 혹은 영감 속에 깨어나 다시 길을 가는 겁니다.

✺ 내가 이 마지막 책에서 한 게 바로 그겁니다. 6월 26일에 나는 내 아이들한테 더 이상 책을 쓰지 않겠다고 선언했지요. 나는 지금 책을 쓰고 있어요. 나는 이미 충분히 썼죠. 더는 나를 증명하지 않아

도 돼요. 벌써 40권도 넘는 책을 썼으니까요. 그런데 6월 27일에 나는 일어나서 글을 쓰기 시작했어요. 다섯 달 동안 목뼈가 탈골될 때까지 아침에도 낮에도 밤에도 계속 글을 썼어요. 내 말은 내가 글쓰기를 멈출 수 없었다는 겁니다.

스무 번, 서른 번의 생을 살아도 당신을 계속 바쁘게 할 정도로 많은 것들이 당신의 '소용돌이'에 담겨 있다는 걸 받아들이기만 하면 돼요. 당신이 재미있는 동안은 말예요. 그게 요점 아닌가요?

✺　맞아요. 재미있었습니다. 지금 당신과 함께하는 것과 똑같이, 그건 그냥 커다란 기쁨이었어요.

장애물은 극복해야 하는가?

❂ 나는 이 '안내'에 대하여, 그리고 지금 이 나이가 되어 더욱 분명하게 볼 수 있게 된 것에 대하여 계속 생각하고 있어요. 내가 한 걸음 물러나, 정확한 사람들이 정확한 시간에 나타났다는 사실, '안내자'가 거기 있었다는 사실을 알게 되기까지는 많은 세월이 걸리고 많은 경험이 필요했습니다. 그리고 기꺼이 들으려는 의지와, 자신의 인생 목적을 두고 남들이 이래라 저래라 하지 못하게 하겠다는 결심이 있어야 한다는 사실도 그런 다음에야 알았고요.

오늘 오후에 스티브 잡스Steve Jobs를 다룬 영화 〈잡스Jobs〉를 보았다는 이야기를 무대 뒤에 있을 때 에스더에게 했어요. 잡스는 사람들이 뭐라 하든 개의치 않고 소신껏 행동하는데, 이 산업은 이렇게 굴러가고 이 회사는 이렇게 운영된다는 확실한 앎이 그 사람 안에 있더군요.

그리고 그는 어느 정도 좌절감도 느꼈어요. 자기는 정렬 속에 있지만 자기 말을 들을 수 있는 처지가 못 되는 다른 사람들을 납득시킬 수는 없다는 사실을 알았거든요.

우리는 때로 이런저런 인간 관계들…… 속에 있는 자신을 발견합니다. 나는 아주 많은 햇수를 아내와 함께 살았고, 13년 전에 헤어졌어요. 그건 내 삶에서 가장 힘든 시절 가운데 하나였죠. 우울증 비슷한 증세를 겪기도 했어요. 우리가 오른쪽으로 돌거나 뒤로 돌아서는 것이 꼭 무슨 좋은 냄새가 난다거나 옳게 보인다거나 옳다는 느낌이 들어서만은 아니죠. 때로는 아주 황당한 장애물이 길을 막기도 해요. 그래도 우리는 겁을 내선 안 됩니다.……

음, 우리는 여러분이 부정적인 감정에 덜 휘둘렸다면 인생이 훨씬 잘 풀렸을 텐데 하면서, 여러분들을 좀 놀려주고 싶군요. 여러분은 서로 정렬되지 않고 어긋나 있는 상태를 기꺼이 견디도록 자신을 훈련시켰어요. 그래서 당신이 말하고 있는 그 명료함이 없는 상태에서 결정을 내리는 겁니다.

그럴 때 여러분은 지쳐서 더 이상 나쁜 감정을 느끼고

싫지 않을 때까지는 어느 정도 그 길을 따라가야 한다고 생각하는 것 같아요. 당신 아버지에 대해 우리가 나눈 대화에서도 그랬고, 제리가 '비물질'로 몸을 바꾼 뒤에 에스더가 느낀 감정에서도 그랬죠. 우리는 여러분을 묶어 맨 말뚝들이 그 정도로 높아야 한다고는 생각하지 않아요. 우리는 여러분이 다른 식으로 느낄 수 있다는 사실을 깨달을 때까지 '나쁜 느낌의 원동력'을 그렇게나 많이 쌓아야 한다고도 생각하지 않습니다.

✺ 그래서 때때로 어려움들에 감사할 수 있는 건가요?

감사하는 상태에 있으면 모든 것을 돌보게 돼요. 여러분 안에 있는 '근원'은 모든 것에 늘 감사를 느끼니까요. 그래서 감사하는 상태에 있으면 여러분은 항상 정렬 상태에 있게 됩니다.

✺ 그 절망의 순간들이 있었기 때문에 나는 나 자신에게 안타까움을 느끼기보다 고마워하기 시작했고, 그래서 내가 훨씬 자애로운 인

간이 되었죠. 그리고 내 글쓰기도 완전히 새로운 맛을 풍기게 됐고요. 실제로 그때 내가 《의도의 힘*The Power of Intention*》을 썼는데, 그 책의 50퍼센트 가량은 당신들의 가르침, 아브라함의 가르침에서 영향을 받아 쓴 것이었어요. 내가 절망의 길로 계속해서 내려가도록 놔두지 않으려는 모습이 그 책 곳곳에서 보이죠.

사람들은 절망 말고는 아무것도 보이지 않는 인간 관계나 장소, 직장 안에 있을 때, 자기를 변화시키려면, 그러니까 거기에서 벗어나거나 빠져나오려면 위험을 각오해야 한다고 느낍니다.

하지만 여러분이 느끼는 방식과, 그렇게 느끼게 되는 이유, 즉 여러분의 생각 사이의 연관성을 이해하기만 하면, 여러분은 자신의 생각을 바꿈으로써 여러분이 느끼는 방식을 바꿀 수 있어요. 그때 일들도 변화합니다. 그때 여러분은 거기에서 나와 달려가죠. 그것은 그저 여러분의 생각을 의식적으로 훈련하면 되는 문제예요. 생각하고 나서 느끼고. 생각하고 나서 느끼고, 그렇게요.

❀ 그건 마치 우리 삶 속에 다른 사람들이 나타나 다른 상황들을

보여주기 시작하는 것이나 같아요. 칼 융은 그것을 동시성synchronicity 이라고 불렀지요.

그것은 여러분이 어떤 진동 원반 위에 있느냐에 달려 있어요. 여러분이 천박 원반 위에 있으면 천박한 사람들이 나타나고, '높이 나는 원반' 위에 있으면 '높이 나는' 사람들이 나타나지요. 자기한테 안타까움을 느끼는 원반 위에 있으면 자기한테 안타까움을 느끼는 사람들이 나타나고요. '끌어당김의 법칙'은 절대 어긋나지 않아요.

✵ 그러니까 우리가 멍청한 생각을 그만두면 하느님이 좀 더 근사한 사람들을 우리한테 보낸다는 얘기겠네요?

예를 들어봅시다. 여러분이 원치 않는 게 무엇인지를 알기 때문에 여러분은 원하는 게 무엇인지 알 수 있습니다. 하지만 여러분이 원하는 게 무엇인지 알더라도 아직은 그것이 충분히 훈련된 생각은 아니에요. 여러분은 이제 막 그것을 깨달았을 뿐일 수도 있죠. 지금은, 원치 않는 것이 여러분 안에서 훨씬 큰 진동으로 울리고 있어요. 그러기에 여러분이 원하는 것에 대해서 갑자기 전혀 다른 생각을 한다는 건 이치에 맞지 않는 말이에요. 그것이 여러분이 늘 해오던 생각의 패턴이 아니니까요.

그렇게 여러분은 자신이 원치 않는 것을 많이 생각하고, 그것이 여러분으로 하여금 자신이 원하는 것과는 다른 로 켓을 발사하게 만들어요. 그렇게 다른 로켓들을 계속 발 사하다 보면 마침내 여러분이 실제로 살고 있는 것과 여 러분이 요청하는 것 사이에 커다란 간격이 생기게 됩니다. 여러분이 경험 속에서 드러내고 있는 것과 여러분 자신의 새로운 진동 버전 사이에 간격이 생기는 겁니다.

때로 참 자아를 만나고 싶은 여러분의 욕망이 아주 강 하다면, 자신의 한계를 내세우지 않는 순간에 혹은 살면 서 놓친 것에 주목하지 않는 순간에 여러분의 '참 자아'를 잠깐이라도 볼 수 있습니다. 우리는 여러분의 '내적 존재' 가 여러분의 확장된 버전과 함께 있으면서, 여러분이 '참 자아'를 찾을 수 있도록 도와주려고 계속 빛을 비추고 있 다는 말을 해주고 싶어요.

여러분한테 많은 친구들이 있는데, 그 친구들은 느끼는 방식이 다 다르고 이는 여러분도 마찬가지라고 해봅시다. 때로 여러분은 좋은 느낌을 주는 곳에서 그들과 함께 머물기도 하지만 항상 그런 건 아니죠. 하지만 그때 여러분은 여러분만의 '안내 시스템'을 이해하기 시작합니다. 그리고 여러분이 느끼는 방식을 돌아보게 되지요. 여러분은 이제 깨어나서, 좋은 느낌을 주는 생각들에 의식적으로 집중하게 됩니다. 좋은 느낌을 주는 생각들이 꼬리에 꼬리를 물고 일어날 정도로 충분히 집중을 하지요. 그러면 마침내 여러분은 그곳에 계속해서 머무를 수 있게 됩니다.

그래서 비록 여러분의 친구들이 기분이 좋든 나쁘든 상관없이 여러분은 하나같이 좋은 느낌을 갖는 겁니다. 그리하여 여러분과 만날 때 그들은 여러분이 자신들의 이해를 돕고 있다는 사실을 훨씬 더 수용적인 태도로 받아들이게 됩니다.

여러분의 '내적 존재'가 높은 진동에 머무르면서 계속해온 일이 바로 그것입니다. 여러분이 '아하!' 하고 깨닫는 순간들을 경험하는 것은 여러분의 '내적 존재'가 이미 그

앎의 장소에 있기 때문이에요. 여러분의 '내적 존재'와 정렬될 때 여러분은 깨달음을 얻습니다. 깨달음은 여러분 자신의 삶의 경험을 통해서 옵니다. 말은 그 자체로써는 아무것도 가르치지 못합니다.

나쁜 뉴스들로 가득 찬 세상

❂   당신도 알다시피, 우리는 나쁜 뉴스들에 거의 파묻혀 살다시피 합니다. 텔레비전에서 보듯이 말이에요⋯⋯

여러분이 '나쁜 뉴스 원반' 위에 있으면, 그렇지요.

❂   음, 나는 최근 몇 년 동안, 특히 하나됨oneness의 자리에서 살면서 내가 '신성한 사랑Divine love'이라고 여기는 것에 점점 더 가까이 다가갈수록, 뉴스를 듣거나 다른 사람들의 슬픈 이야기를 듣는 것에 흥미를 못 느끼게 되었어요.

얼마 전 필리핀에서는 1만 명 가까운 사람들이 죽은 걸로 추정되는 끔찍한 사건이 벌어졌지요. 하지만 세상의 폭력과 참상을 끊임없이 지켜본다는 건⋯⋯

세상의 폭력과 참상을 지켜볼 때 그 진동을 익히게 된다는 사실을 많은 사람들이 깨닫지 못하고 있어요. 한번 그 진동을 익히면 그것을 더 많이 만나게 되지요. 여러분이 즉각 그 끔찍한 경험을 하게 된다는 말이 아니에요. 하지만 그런 경험들이 그만큼 더 많이 여러분의 의식 속으로 들어오고, 그러면 '웰빙'에 대한 여러분의 감각은 무뎌지게 됩니다.

사람들은 머리를 모래에 묻고 세상에서 일어나는 일들을 외면할 수는 없는 거라며 우리한테 항의를 하지요. 그러면 우리는 잘 선택해서 걸러낼 줄 아는 사람selective sifter이 되기를 바라는 거라고 말합니다. 우리는 우리 세상을 '근원'의 눈으로 보려고 최선을 다하고 있어요.—'근원'이 확장을 보고 있기 때문이지요. '근원'은 여러분이 무엇을 요청하는지 그것을 보고 있어요.

여러분이 뭔가를 원한다고 분명히 밝힐 때 '근원'은 여러분이 가리킨 거기를 봅니다. 그런데 여러분이 '근원'에게 밝힌 것과 반대되는 쪽을 볼 때, 여러분은 자신을 '근원'으로부터 떨어뜨려놓는 것이 됩니다.

질문의 진동 주파수와 대답의 진동 주파수는 아주 다른 주파수예요. 또 문제의 진동 주파수와 해결의 진동 주파수도 아주 달라요. '근원'은 언제나 해결 주파수 쪽에 있기 때문에, 여러분이 해결 주파수에 있지 않을 때는 좋은 기분을 느낄 수 없고, 또한 '근원'으로부터 영감을 받을 수도 없어요. 하지만 좋은 기분이 느껴지지 않는 곳, 바로 대비가 있는 곳에서 여러분은 더 많은 욕망의 로켓들을 발사하게 되고, 그러면 거기에서 좋은 기분이 느껴지는 것이 나오게 되지요. 그것이 많은 사람들에게 그토록 어려운 일이어야 하는 건 아닙니다.

자신의 느낌에 귀 기울이기?

❂   우리는 자기 생각을 끊임없이 알아차려야 하나요? 내 말은, 생각들이 그냥 오고 그리고……

여러분은 자신이 어떻게 느끼는지에 대해서 신경을 써야 합니다. 자신의 느낌에 신경을 쓴다면, 자기 안의 '근원'과 맞지 않는 길로 들어설 때 여러분이 공허함을 느끼게 될 테니까요. 공허emptiness가 딱 맞는 표현이에요. 정확히 그것이거든요. 공허함을 느낄 때는 여러분이 '근원'이 생각하는 것에서 벗어난 겁니다.

❂   놀랍군요. 몇 년 전 처음으로 휴대 전화를 가졌을 때 나는 거기에 부재중 전화 메시지를 저장해 뒀어요. 당시 나는 당신의 가르

침에 깊이 몰입되어 있었고, 그래서 이렇게 메시지를 남겼어요. "웨인 다이어입니다. 나는 좋은 기분을 느끼고 싶어요. 그러니 만약 당신의 메시지가 그렇지 않은 것이라면 전화를 잘못 거신 겁니다. 어쩌면 닥터 필(미국의 유명한 인생 상담 토크 쇼 〈닥터 필 쇼〉의 진행자인 필립 맥그로의 애칭 — 옮긴이)이나 다른 사람한테 전화하시는 게 좋겠어요. 나쁜 뉴스를 듣고 싶어 하는 사람들한테요." 나는 지금도 내 자동응답기에 이 메시지를 담아두고 있습니다. 좋은 기분을 느끼고 싶어서요.

'근원' 또한 바로 그 메시지를 지니고 있죠.

⚙ 맞아요. 그래서 우리가 좋은 느낌이 들지 않는 생각들을 할 때 — 좋은 느낌을 주지 않는 사람들과 관계 맺거나, 좋은 느낌을 주지 않는 직장에 다닐 때 — '근원 에너지'가 나쁜 느낌, 끔찍한 느낌을 주는 생각에 걸맞은 일들을 경험하게 하는 건가요?

그런 경험을 여러분한테 주는 건 '근원'이 아닙니다. 그런 경험에는 받아들일 아무런 교훈도 없어요.

✿ 음, 내 말은 어떤 사람들이 일련의 일들이 동시에 일어나는 경험을 한다는 겁니다.

일들은 언제나 여러분을 위해서 일어나지요, 언제나요.

✿ 그러니까 그건 마치 자기 안에 측정기가 있어서 그것을 가지고 자기의 느낌을 보는 거랑 비슷하군요. 그게 내 몸 안에서 어떤 느낌이 일어나는지 살펴보고, 좋은 느낌이 아니면 그런 느낌이 일어나도록 한 생각들을 즉시 알아차리라는 거지요? 그런데 우리가 어느 때나 늘 좋은 기분만 느낄 수 있나요?

우리가 말해주고 싶은 것은, 여러분이 어떤 것을 생각할 때, 늘 여러분과 함께 걷고 여러분과 함께 생각하고 여러분과 함께 살아가는 '근원'이 여러분과 똑같은 것에 대해 생각하고 있다는 것입니다.

✿ 귀 기울여 들어야 할 진짜 중요한 말이네요.

여러분이 좋은 느낌일 때는 어떤 것에 대한 여러분의 생각이 그에 대해 '근원'이 생각하는 것과 잘 맞는 겁니다. 여러분이 나쁜 느낌일 때는 그에 대해 '근원'이 알고 있는 길에서 여러분이 벗어나 있는 거고요. 그리고 또한 처음 욕망을 일으킨 당사자가 바로 여러분임을 알아야 합니다. 자신이 누구이며 자기가 원하는 게 무엇인지를 '근원'한테 말한 건 바로 여러분 자신이에요. 달리 말해서 여러분이 바로 여러분의 현실을 창조하는 자입니다. '근원'은 여러분이 요청하는 것의 진동 주파수를 붙들어주는 존재이고요.

여러분이 누구를 해치게 될 어떤 것을 욕망하면서 동시에 좋은 느낌일 수는 없어요. 그런 의도를 품으면 여러분은 '근원'의 진동에서 벗어나게 되고, 여러분도 알다시피, 거기에서 공허함을 느낄 것이기 때문입니다.

그런즉 여러분이 어떻게 느끼는지에 관심을 갖고, 좀 더 신중하게 생각하고, 자신의 느낌에 귀를 기울이는 것, 그것이 전부입니다.

☼ 만일 자기가 좋은 느낌이 아니라면요?

걱정 마세요. 더 커질 테니까요.

☼ 뭐가 더 커지나요?

생각이 더 커지고, 여러분이 자신의 '참 자아'로부터 벗어났다는 깨달음이 더 커지지요. 여러분의 불편한 감정도 더 강해질 거고요.

☼ 그래서 마침내 우리가 그 좋지 않은 느낌에서 빠져나오나요? 우리가 그 상황에서 벗어나게 되나요? 나는 지금 오늘 오후에 본 스티브 잡스 영화를 다시 생각하고 있어요. 영화에서 보면 그는 회사에서 일들이 진행되는 방식에 기분 좋은 느낌이 아니었어요. 그에게는 자기 일을 어떻게 할 것인지에 대해 분명한 앎이 있었죠. 나도 평생 내 일을 어떻게 할 것인지 분명한 앎이 있었어요. 그리고 나는 일을 어떻게 해야 하는지 일러주는 사람들의 말도 예의바르게 — 내가 스티브 잡스보다는 예의바르니까요 — 들었지요. 하지만 내 안에는 절대 바꿀 수 없는 분명한 앎이 있습니다.

진정한 스승들은 세계를 창조하는 '에너지'에 어떻게 접근할지 알고 있어요. 그들은 영향력leverage 있다는 것이 어떤 느낌인지 알지요. 그래서 그것에 빠지게 됩니다. 그래서 여러분이 커다란 영향력을 발휘하는 데 익숙해지면—여러분은 이 '에너지'에 접근해 봤기에, 어떻게 하면 자기 무덤을 파는 행위를 멈출 수 있는지 방법을 알고 익혔으며, 더구나 여러분이 그 원동력이 작동하도록 했기 때문에—그때 여러분이 거기에서 벗어나려 해도 몹시 힘들다는 걸 여러분은 압니다.

스티브 잡스는, 그리고 여러분 가운데 많은 사람들도 그렇겠지만, 그 지점, 즉 여러분과 다른 진동 원반 위에 있는 사람들을 납득시키다가 지쳐버린 그 지점에 도달한 겁니다. 달리 말해서 그는 자기가 옳다고 믿는 과정을 사람들에게 납득시키려 하다가는 자신의 정렬마저 잃게 되리라는 사실을 정확히 깨달은 지점에 이른 거예요. 그리고 그는 더 이상 사람들을 납득시키려 하지 않았지요. 그래서 그곳을 떠났고, 완전히 다른 회사를 설립해서, 진동의 정렬을 찾아낸 거예요. 그리고 결국 일들이 그에게로 다시 돌아왔지요.

그것을 설명하는 우리의 방식은, 서로를 기쁘게 해주려고 애쓰는 세상에서 살아가는 존재들이 바로 가장 물질적인 존재들이라는 것입니다. 이들은 자신의 '안내 시스템'을 오래전에 버렸어요. 왜냐하면 여러분의 어머니나 다른 누가 여러분을 관심 있게 보면서 여러분이 하는 일을 칭찬해 주면 그게 여러분의 기분을 좋게 해주니까요. 그래서 여러분은 어머니나 다른 사람들에게 인정받을 만한 일들을 계속 하고 있는 겁니다. 그게 여러분에게 기분 좋은 느낌을 주니까요. 그런 식으로 한 걸음 두 걸음 가다 보면 여러분 내부에 있는 자신만의 '안내 시스템'을 알아보는 능력을 내버리게 된다는 걸 깨닫지 못한 채로 말이죠.

그래서 많은 사람들이 행동과 말과 집단적 합의를 믿게 되는 겁니다. 물론 그것들도 어느 정도 창조 행위를 하기는 합니다. 그러나 이 '에너지 흐름Energy Stream' 속으로 들어온 사람들의 창조 행위에 견주면 그건 아주 평범한 창조 행위지요. 그래서 '예의바르게' 있는 법을 배우는 사람들이 많은 거예요. 그들이 그렇게 행동하기를 사람들이 기

138

대하니까요. 우리는 지금 여러분이 어떤 상황에서도 예의 바르게 행동할 수 없다고 말하는 게 아닙니다. 여러분의 '참 자아'와 여러분이 진정으로 원하는 것에 반대되는 상황에 몰려 있을 때 기분 나쁜 느낌을 받는 게 정상이라는 얘기를 하고 있는 겁니다. 그리고 여러분이 기분이 좋지 않은데 기분 좋게 느끼라고 자신을 납득시키는 건 불가능한 일이에요.

당신이 그 다큐멘터리에서 본 게 바로 그것이었어요. 그는 자기가 좋은 느낌이 들지 않을 때, 그동안 아주 익숙해 있던 그 영향력 있는 자리에 더 이상 있으려고 하지 않았죠. 그래서 발을 빼 뒤로 물러나며 말했던 거예요. "좋아요. 당신들은 나와는 다른 북소리에 맞추어 행진하고 있군요. 그러니 당신들 모두가 원하는 방식대로 하세요." 결국은 그들이 그에게로 돌아와서 자기들을 도와달라고 간청했지요. 그건 그의 집중이 모두의 경험에 불어넣던 에너지와 명료함과 힘을 그들이 잃어버렸기 때문입니다.

✿ 내가 다른 책을 쓰고 있지 않다고, 책 쓰기를 그만뒀다고, 지쳤

139

다고, 더 이상 책을 쓸 필요가 없다고 선언한 뒤로, 나는 다섯 달 동안 매일같이 글을 썼지요. 그리고 지금도 벌써 다른 책을 집필중인데, 이건 아직 출판되지 않았어요.

웨인, 당신의 책 쓰기는 끝날 수 없어요. 그냥 쓰세요. 그냥 써요.

✿ 《이제 나는 명료하게 볼 수 있다》의 한 장章에서, 나는 내가 어린 소년이었을 때 다들 〈밀턴 벌Milton Berle〉 〈미스터 화요일 밤Mr. Tuesday Night〉 〈미스터 코미디Mr. Comedy〉를 시청하는 동안 나는 가톨릭 주교 비숍 쉰Bishop Sheen의 쇼를 보고 있었다는 이야기를 언급한 적 있습니다. 〈인생은 살 만한 것Life Is Worth Living〉이라는 제목의 쇼였어요. 내가 열두 살인가 열세 살인가 그랬는데, 실제로 그 쇼의 내용을 메모하면서 봤습니다. 그냥 그 프로가 좋았거든요. 나는 몇 년 동안 양아버지와 함께 살았는데, 그분이 가톨릭 신자여서 그 프로에 채널을 맞추시고는 했어요. 덕분에 내가 사는 곳에 더 이상 〈밀턴 벌〉은 없었죠. 하지만 나는 화요일 밤을 너무너무 기다렸어요. 그 프로에 매료당했으니까요. 그래서 그 어린 나이에 〈인생은 살 만한 것〉이라는

쇼를 메모를 해가면서 보았던 겁니다.

이유가?

✿   음, 난 그런 부제副題를 달 수 있는 책을 40권이나 썼어요.

하지만 겨우 열세 살짜리 아이가 그랬던 이유가……?

✿   지금 곰곰이 생각해 보니, 그때는 그 이유를 잘 몰랐던 것 같아
요……

하지만 우리가 지금 말하고 있는 요점은, 그때 당신이
그렇게 한 것은 그렇게 하는 것이 좋은 느낌이 들었기 때
문이라는 거예요.

✿   바로 그게 내가 그렇게 좋아했던 이유 맞네요.

그건 명료함이었어요. 그 주교는 주파수가 맞춰져 있고,

같은 박자로 움직이고, 스위치가 켜져 있는, 그리고 당신을 진동시키는 사람이었습니다. 당신은 그 사람의 말을 아주 오래 들어서 그의 말에서 공명을 느낄 수 있었지요. 그것이 당신을 뒤에서 불러댔던 겁니다. 그는 당신이란 사람을 펼쳐가는 데 아주 중요한 조각이었어요. 그가 당신 '근원'의 주파수에 당신의 파장을 맞춰주고 있었던 거예요.

⊛ 그것이 천상의 안내였나요?

안내는 늘 있어요. 그건 늘 있습니다. 여러분 가운데 누구도 여기에 혼자 있지 않아요. 여러분 모두 강력한 창조자예요. 여러분 모두 의미 있고 중요한 존재들입니다. 여러분 모두 위대한 이유와 목적을 지니고 왔어요. 만약 좋은 기분이 느껴지지 않는다면 여러분은 여러분의 '참 자아'가 가는 길에서 어긋나 있는 겁니다. 아침에 일어나서 '높이 나는 원반'을 붙잡고 올라타 여러분의 '참 자아'로 존재하는 수련을 할 때가 되었습니다.

☺ 모든 사람이 다 자기 안에 무언가, 자기를 부르고 있는 무언가를 가지고 있는 것 같아요…… 나는 그것이 그냥 하나의 부름calling이라는 생각이 들어요.

하지만 여러분이 그 부름을 들을 수 있으려면, 여러분 자신을 훈련시켜 그 주파수대로 들어가야 해요. 그럴 때 당신이 지금 말하고 있는 그 부름이 영감으로 느껴지지요. 달리 말하면 그때 비로소 그것을 깨닫기 시작합니다. 부름을 느끼려면, 여러분은 그것을 자신에게 의미 있는 무언가로 해석해 낼 수 있을 정도로 그 주파수대에 충분히 오래 머물러 있어야 합니다. 그것은 혼자서 배워나가야 하는 과정입니다.

☺ 네, 흥미롭네요. 내가 지금 쓰고 있는 것 때문에, 2,500년 전에 씌어진 유명한 책 《도덕경》을 읽었고, 8년 전 예순다섯 살 때 어떤 책에 그 해설을 쓴 거군요. 그리고 지금 마우이에 살고 있고요. 그리고 나는 할 일이 네 가지가 있었고요. 먼저 세이프웨이(미국에서 가장 큰 슈퍼마켓 ― 옮긴이)에 들러 몇 가지 선물 카드를 사야 했죠. 우리

아이들한테 가는 길이었으니까요. 현금을 찾기 위해 은행에도 들러야 했고요.

당신 아이들을 만나러 가는 길이었으니까.

✿ 우리 아이들을 만나러 가는 길이었으니까요. 그러려면 현찰이 얼마쯤 있어야죠. 내가 이 여행 ― 이것도 그 여행의 일부죠 ― 을 하던 중이었기 때문에, 몇 가지 영양제를 사러 비타민 가게에도 들러야 했어요. 그리고 포크Poke라고 부르는 내가 아주 좋아하는 하와이 음식을 파는 가게에도 들를 참이었고요. 그러고 나서 집으로 갈 생각이었지요. 그게 내 계획이었습니다. 하지만 그렇게 안 됐죠. 내 차가 나를 몰고 갔어요. 내가 운전한 게 아니라요. 그것을 어떻게 말해야 할지 모르겠네요. 나는 그냥……

당신은 당신의 의식적인 마음에서 나오지 않은 행동을 하도록 영감을 받았어요. 그때 당신은 당신의 '참 자아'를 알고 당신이 진정으로 가고자 한 곳이 어디인지를 알고 있는 '더욱 넓은 시각'과 같은 진동 속에 있었던 겁니다.

❁　맞아요. 그래서 그것이 나를 반스 앤 노블(미국의 대형 서점 체인 — 옮긴이)로 데려간 거예요. 그러다 중간에 차에서 내려 갑자기 이런 생각을 했죠. '내가 여기 반스 앤 노블에서 뭘 하려는 거지? 난 돌아가야 해. 비행기를 타야 해.' 하지만 비행기를 타러 가는 대신 나는 이 고전을 손에 집어 들었지요. 역시 약 2,500년쯤 전에 기록된 것으로 알려진 《바가바드기타》라는 책입니다.

　자, 테이프를 조금 앞으로 돌려서, 지금 당신이 명료함 속에 있다고, 거기 당신에게 정말로 중요한 무엇이 있음을 알고 그것을 명료하게 느끼면서 반스 앤 노블 안을 걸어가고 있다고 상상해 봅시다. 달리 말하면 당신은 그 안으로 우연히 들어갔다가 그것을 본 순간 알아차린 거죠. 그런데 당신은 그 길의 모든 발걸음에서 느껴지던 그 명료함을 좋아하지 않았나요?

❁　좋아했죠. 나는 그 명료함을 분명히 느꼈어요. 하지만 모든 발걸음마다는 아니었습니다. 그래도 많은 발걸음에서, 평소보다 훨씬 많은 발걸음에서 명료함을 느꼈죠. 거기에서 나는 《바가바드기타》에

관한 다양한 책들을 훑어봤어요. 그것은 분명 하나의 부름이니까요. 그리고 나는 이 고대 문서가 여러 가지로 잘못 풀이되었다고 생각을 하게 돼요.

모든 고대 문서들이 그렇듯이요. 당신은 이제 '근원 에너지'에 접근했기 때문에, 그 고대 문서들을 치워버릴 수 있어요. 지금 당장, 여러분 모두가요.

《바가바드기타》 해석

☼   거기에 나오는 내용으로 몇 가지 질문을 하고 싶습니다. 괜찮지요? 《바가바드기타》는 전장에 나갈 준비를 마친 아르주나Arjuna의 단순한 이야기인데요……

'낮게 나는 원반.'

☼   그래요. 그리고 그의 전차를 모는 마부가 크리슈나Krishna인데, 그는 '근원 에너지', 하느님God, 뭐 그런 존재로 나타나지요.

[장난기 어린 말투로] 아니요, '낮게 나는 원반' 위에 있는 동안에는 아니에요.

⚙ 네, 《기타》에서는, 그렇지요. 그래서 아르주나가 이런 조언을 듣는데 그 대부분이, 아브라함, 당신이 말하는 것과 일치해요. 하지만 거기에는 나를 헷갈리게 하는 뭐가 있어요. 지난 두 달 동안 《바가바드기타》를 세 번이나 통독했는데 내가 왜 그랬는지 모르겠어요. 그냥 계속 읽었습니다. 통독하면서 노트도 하고 글도 썼지요.

어쩌면 원저자들이 당신을 도와서 그것을 깨끗이 치워 없앤 뒤 원래 의도대로 쓰게 하고 싶었기 때문일 수도 있지요.

⚙ 예, 어쩌면요. 나는 모르죠. 하지만 거기에는 그가 전장으로 갈 준비를 마치고 이것이 자기의 임무라고 말하는 대목이 있어요. 크리슈나, '근원 에너지', 어쩌면 하느님이 그에게 말합니다. "가라. 가서 네 임무를 다하라. 만일 그것이 사람들을 죽이는 걸 의미한다면, 그렇다면 그건 너의 임무다. 왜냐하면 너는 아무도 죽이지 못할 테니까. 내가 모든 생명을 취한다. 내가 모든 생명에 책임이 있다" 이렇게요. 당신도 알다시피, 아르주나는 자기 임무를 다하려고 전장에 들어가지요.

아브라함, 여기서 내 질문은 이겁니다. '신성한 사랑'에 어울리지 않는 짓까지도 할 임무가 우리한테 있나요?

없어요. 하지만 '낮게 나는 원반' 위에 있을 때 여러분은 해석 작업을 그 진동 위치에서 합니다. 예컨대 여러분이 보복이나 근심 또는 불안의 원반 위에 한동안 머물러 있다고 합시다. 여러분은 그것을 읽고, 그에 대하여 사람들에게 말을 합니다. 그렇게 해서 상당한 원동력을 키우죠. 여러분이 상당한 원동력을 키운다는 그 사실이 중요해요.

그렇게 여러분은 절망의 주파수, 천박함의 주파수, 희망의 주파수, 사랑의 주파수 등등 자신의 끌어당김 포인트가 되는 진동 주파수를 만들어요. 원반 위에서 웬만큼 시간을 보내면 '끌어당김의 법칙'이 더 많은 원동력을 만들어내지요. 그래서 여러분이 보복의 원반 위에 있으면서 그에 대하여 다른 사람들과 이야기하고, 자신이 얼마나 당했는지 말함으로써 복수심에 부채질을 하면, 다른 사람들이 여러분과 결합하면서 그 원동력이 더욱 강해지는 겁니다. 이윽고 충분한 원동력이 발생하면 여러분은 어떻게 행동하라는 영감을 받은 느낌이 들지요. 그게 원동력이에요. 그것은 어떤 것이 움직이던 방향으로 계속 움직이는 힘입니다.

하지만 우리는 여러분에게 분명히 말해둡니다. 여러분이 원치 않는 것에서 나온, 그리고 부정적인 감정이 결부된 그런 형태의 원동력은 '근원 에너지'에서 나오는 영감이 아닙니다. '근원'은 결코 보복의 원반 위에 있는 여러분과 결합하지 않아요. 하지만 우리는 보복 원반 위에 있을 때 어떤 느낌이 드는지 알 수 있지요. 왜냐하면 이용당하는 것보다는 보복하는 게 확실히 더 좋게 느껴지고, 따라잡히는 것보다는 따라잡는 게 더 좋게 느껴질 테니까요. 하지만 여러분도 알다시피, 이와 다른 길이 있습니다.

✿ 세상에는 "이건 딱 내 일이야"라고 하면서 어떤 일을 하며 살아가는 사람들이 많이 있어요. 그러나 그런 일들에는 꽤 많은 폭력, 꽤 많은 증오, 꽤 많은 살생, 또 더 높은 깨어 있음이나 더 높은 '의식'에 일치되지 않는 꽤 많은 일들이 포함되어 있지요. 그리고 크리슈나가 아르주나에게 "이건 네 임무다. 너는 생명을 죽이지 못한다. 내가 모

든 생명을 취한다. 그리고 모든 생명은 하느님 또는 '근원'이라 불리는 내가 준 것이다"라고 한 말에 근거하여 그런 일을 정당화합니다.

우리는 지금 어떤 사람이 자기가 원해서 하기로 결심하는 것을 가지고 말하는 게 아니에요. 우리는 어떤 행동은 그르고 어떤 행동은 옳다고 말하는 것도 아니고요. 우리가 말하는 것은, 여러분이 여러분 안에 있는 '근원'과 일치되지 않으면 지금 여러분이 하는 행동은 영감을 받고 나오는 행동이 아니라 자극에 대한 반응으로 나오는 행동이라는 겁니다. 그건 '근원'에서 나오는 게 아니라, '사람'의 의식적 마음의 산물에서 나오는 겁니다.

달리 말하면 '근원'은 결코 다른 누군가에게 부정적인 행동을 하도록 여러분을 안내하지 않아요. 다른 누군가에게 부정적인 행동을 하도록 안내받는다는 느낌이 든다면, '낮게 나는 원반' 위에서 움직이는 원동력을 여러분이 얻은 것일 뿐입니다.

✲ 음, 하루에 병사 한 명씩이 자살을 해요.

그건 그가 정말 자기 자신이라고 알고 있는 존재의 궤도에서 벗어나 있기 때문이에요. 그는 사람을 죽이는 행동을 견딜 수 없는 겁니다.

여기에 우리가 할 일이 있어요. 그래서 여러분이 여기 있는 겁니다. 여러분 모두 이걸 듣고 있지요. 우리는 지금 그에 대하여 매우 심도 깊고, 그야말로 가장 앞서 있는 대화를 하고 있는 것입니다.

여러분은 자기 임무를 다하고 있는 병사들을 생각하고 있어요. 여러분은 애국심을 느끼고 싶어 하죠. 그들의 희생에 감사하고 그들이 나라를 위해 하고 있는 일에 고마움을 표하고 싶어 합니다. 좋아요, 그런 느낌들이 여러분한테는 기분 좋은 느낌이겠죠. 좋은 느낌을 주는 생각들이고요. 그러니 그것들은 여러분이 집중하고 싶은 바로 그 일인 거죠. 하지만 어느 마을에선가 진짜 가공할 일이 일어나고 있다는 걸 여러분이 알고 있다고 해봅시다. 그것들에 집중할 때 여러분은 좌절하게 됩니다. 바로 여러분의 '참 자아'에서 떨어져 나왔기 때문이지요.

그럴 때 여러분은 어떻게 하나요? 머리를 모래 속에 파묻나요? 그런 짓을 하는 자들을 정죄하나요? 아니면 이 대비되는 경험을 통해서 여러분이 원하는 것이 무엇인지 분명히 알고, 그 길로 나아가나요?

그래서 좀 더 자애로운 세계에 대한 이야기를 시작하나요? 자기가 누군지 훨씬 분명하게 이해하는 세상의 사람들에 대하여, 또는 모든 아이들이 굶주리지 않고 안전하다는 느낌 속에 아침을 맞고, 부모들도 모든 사람이 충분히 살아갈 만큼 이 세계가 크다는 사실을 이해하면서 아침에 눈을 뜨는 그런 세상에 대하여 이야기하나요?

달리 말해서 여러분은 이 세상이 어디가 망가졌는지 큰 소리로 알릴 수 있고, 그것은 이 세상의 온갖 미디어로 쉽게 할 수 있는 일이에요. 하지만 여러분이 그런 일을 할 때 절대 좋은 느낌이 들지 않지요.

여러분은 선택할 능력이 있고, 선택할 때 여러분은 자신의 진정한 힘을 발견할 것입니다. 여러분도 알다시피, '흐름'에 연결된 사람 한 명이 그렇지 않은 사람 백만 명보다 더 힘이 세기 때문입니다.

☼ 아, 그건 정말 그래요.

그래서 만일 전쟁에 대해, 또는 어떤 것이 됐든 불편한 상황에 대해 여러분이 바라는 바가 있다면, 그래서 여러분이 '근원'에 자신을 정렬시킬 수 있다면, 여러분은 영감을 느끼게 될 것입니다. 여러분은 세계의 분쟁 지역으로 가지 않아도 되고, 여러분은 참전하지 않아도 되고, 여러분의 돈을 보내지 않아도 됩니다. 여러분이 바라는 주제에 집중하면서 '근원 에너지'에 자신을 정렬시킬 때 여러분은 '진동 통화vibrational currency'를 교환하고 있는 것입니다.

여러분이 그러한 일들에 주목하면서 자신을 '근원'에 일치시킬 때, 그곳에서 전쟁에 지친 사람들, 전쟁이 답이 아님을 깨달은 사람들은 여러분이 개척한, 저항이 가장 적은 길을 알아차릴 기회를 얻을 것이고, 그들한테서 아이디어가 태어날 것입니다.

☼ 나는 그런 걸 많이 보았어요. 내 말은, 그런 사람들한테서 메일을 많이 받았다는 말입니다.

많은 사람들이 세상을 바꾸고 싶어 해요. 그러나 세상은 바뀔 필요가 없어요. 세상이 바뀌어야 한다고 믿으면, 여러분의 바로 그 투쟁과 노력이 여러분에게 세상을 변화시킬 도구를 줄 '근원'에 정렬되지 못하도록 막는 결과를 낳습니다. 여러분은 먼저 '근원'과 정렬되어야 하고, 그 다음에 여러분이 원하는 개선改善에 관심을 기울여야 해요. 먼저 '높이 나는 원반' 위로 오르세요. 그런 다음 집중하세요.

생각의 통화通貨 보내기

✿ 나는 강연중에 자주 이런 예를 들어요. 내가 여러분에게 백만 달러를 주면서 이렇게 말하는 겁니다. 여러분이 원하는 데 이 돈을 쓰라고, 쇼핑 몰에 가서 여러분이 원하는 물건을 사라고 말이에요. 그래서 여러분이 가게들 사이로 돌아다니다가 아무 가게나 들어가 여러분이 좋아하지도 않는 것들을 사요. 이건 열 개, 저건 쉰 개를 사는 식이죠. 그러고는 집에 돌아와서 묻는 거죠. "왜 내 집에 내가 원하지도 않은 물건들로 가득하지?" 그러면 나는 이렇게 대답하죠. "왜냐하면 당신이 미쳤으니까요."

그건 여러분이 빈 곳을 행위로 채우려 하기 때문이에요. 여러분은 잘못된 장소에서 사랑을 찾고 있어요. 정렬을 통해서가 아니라 행동과 물건들로 빈 곳을 채우려고 애를 쓰지요. 이 말은 정렬 속에 있으면 어떤 물건도 원하지 않게 된다는 뜻이 아닙니다. 하지만 '근원'과 정렬된 상태에서 어떤 물건이 필요하다는 영감이 떠오른다면 그것들은 의미 있는 물건이 될 겁니다.

✿ 맞아요. 하지만 우리 내면의 관심사 대부분은 우리가 원치 않는 것이 무엇인지, 다른 사람들이 우리에게 바라는 것이 무엇인지, 또 예전의 모습은 어땠는지, 심지어는 지금 모습은 어떤지에 집중되어 있지 않나요? 내 말은, 우리가 지금 모습을 좋아하지도 않으면서 우리 생각이 지금 모습에 가 있으면, 우리는 그저 지금 모습을 더 많이 만들고 있을 뿐으로 보인다는 겁니다.

그건 현실을 직면해야 한다는 여러분의 신념에서 나오는 거예요. 대부분의 사람들이 지금 자기가 보고 있는 것에 대한 반응으로 자신들의 진동을 내보내고 있지요. 그래서 사람들은 어떤 것을 보고, 진동을 내보내고, 그 결과 그것을 더 많이 갖게 됩니다. 그러곤 당연하게도 그것을 믿어버리지요.

하지만 여러분이 참으로 원하는 것에 집중할 선택권이 있음을 깨닫고, 그것들이 여러분한테로 오리라는 것을 깨달을 때, 그때 여러분은 그냥 창조자가 아니라 '의도적인 창조자Deliberate Creator'가 되는 겁니다.

'끌어당김의 법칙'이 여러분의 진동에 얼마나 빨리 반응하는지 알면 놀랄 겁니다. 하지만 '끌어당김의 법칙'이 여러분의 진동에 반응하고 있는 동안, 이 '끌어당김의 법칙'이 여러분 안에 있는 '근원'에 정렬/공명alignment/resonance 또는 부정렬/불화misalignment/discord하는 것을 여러분이 느낄 수 있다는 것을 알면 정말 깜짝 놀랄 거예요.

여러분이 확장하고 진화해 나아갈 때, 여러분 안에 있는 '근원'은 여러분의 '참 자아'를 열렬히 성원하고 있습니다. 그리고 놀라운 일들을 일으키는 강력한 궤도가 여러분한테로 흘러가고 있고요.

그 궤도에서 벗어날 때 여러분은 좋지 않은 감정의 형태로 자신이 궤도에서 벗어났음을 느낍니다. 그리고 여러분이 긴장을 풀고 자신이 그 궤도로 돌아가도록 놔둘 때 여러분은 명료함을 느끼지요. 그때 여러분은 풍요로움을 느끼고, 자신이 가치 있음을 느낍니다. 그때 여러분은 재미와 생기와 열의와 정열을 느끼는 겁니다. 그때 인생은 의미 있는 것, 바로 여러분이 의도한 길이 됩니다.

승천한 스승들이 있는가?

❂   그곳에 승천한 스승ascended master들이 있나요? 내 말은, 세인트 저메인St. Germaine이나 예수 같은 사람들 이야기를 우리가 많이 듣고 있어서요……

음, 이 정렬alignment은 당신이 취득한 대학의 학위 같은 게 아니에요. 그것은 영원토록 여러분의 것입니다. 지금 순간 정렬되어 있거나 아니거나 둘 중 하나죠. 하지만 이 정렬의 정신을 파악하고 그것을 유지하는 일을 하는 존재들이 분명히 있어요. 당신은 지금 그들에 대해 말하고 있는 거고요.

❂   우리가 그들에게 접근할 수 있나요?

여러분은 언제든지 그들을 만날 수 있습니다. 오직 그들이 관심하는 것에 집중하세요. 그래서 그들이 얼마나 기꺼이 여러분을 만나려 하고 있는지 보세요.

❁ 그들이 관심하는 게 무엇입니까?

여러분이 관심하는 모든 것. 그들은 여러분과 만나기를 간절히 바랍니다. 이 물질적 시공간 현실은 생각의 '가장 앞서 있는 부분Leading Edge'이에요. 사람들은 흔히 이 시공간 현실은 단지 시련의 마당일 뿐이고, 가장 앞서 있는 곳은 하늘heaven이라고 생각하지요. 하지만 여기가 생각의 '가장 앞서 있는 부분'이에요. 여기는 생각이 저를 나타내는 장소예요. 여기가 그것이 있는 곳입니다.

❁ 땅에 하늘이 다 들어가 있군요.

땅이 하늘입니다. 아니면 지옥이거나. 여러분의 선택입니다.

지옥은 있는가?

❂ 지옥에 대해서 말해봅시다. 그런 게 실제로 있나요?

연결이 끊어진 사람들 마음속에만 있어요. 동물들은 그런 거 모릅니다. 자기를 명료함에서 멀리 떨어뜨린 사람들만 그런 게 있지요. 여러분은 혼란昏亂 상태를 일종의 지옥이라고 부르지 않나요? 여러분은 혼수昏睡 상태를 일종의 지옥이라고 부르지 않습니까?

❂ 끔찍한 방식으로 행동한 사람들, 그들이 이 지구 차원을 떠날 때 벌을 받나요?

그렇지 않다고 우리가 말하면 사람들은 대개 실망하지요. 벌은 여러분이 언제든지 접속할 수 있는 '근원 에너지'

에서 자신을 떼어낼 때 스스로 주는 것입니다. '근원 에너지'와의 접속을 허용하지 않으면 여러분은 아주 불쾌해집니다. 그러나 '비물질'로 다시 돌아갈 때 여러분은 모든 의혹과 두려움, 모든 원한, 모든 증오, 모든 오해를 뒤에 남겨두고 갈 거예요. 그리고 이번 생과 이전 생들에서 이룬 모든 것에 진동적으로 상응하는 존재가 될 겁니다.

지난날의 후회에 대하여

⚙ 《이제 나는 명료하게 볼 수 있다》를 쓰면서 나는 내 인생의 낮은 지점들과 내가 저지른 일들, 내 행실, 내 의식 등을 생각했어요.……

그래요, 하지만 당신이 명료하게 보지 못했던 그 경험이 없었다면 자신이 명료하게 보고 있다는 것을 어찌 알았겠어요? 당신이 어떻게 명료함의 진가를 알아보고, 나아가선 그것을 인정하기까지 했겠어요?

⚙ 그거 참 좋은 지적이군요.

당신이 그렇게 살지 않았다면 당신이 알게 된 그 명료함을 지닐 수 없었을 겁니다. 그리고 어떻게 당신이 지금 살고 있는 삶과 다르게 살 수 있겠어요? '근원'은 언제나 바로 그곳에서 당신을 부르고 있습니다.

지금 여러분은 자신이 서 있는 곳에서 뒤를 돌아보며 자신이 살아온 과거의 경험들을 정죄하면서, 그 길을 따라 살지 말았어야 한다고, 그런 경험을 겪지 말았어야 한다고 말하지요. 하지만 사실은 '근원'이 그 길에서 여러분의 모든 발걸음을 불렀습니다. 그것이 저항이 가장 적은 길이었고, 따라서 그때 여러분이 걸을 수 있는 유일한 길이었으니까요.

자신을 너그럽게 봐주는 것이 좋습니다. '근원'은 여러분을 심판하지 않아요. 여러분이 여러분 자신을 심판하는 겁니다. 그리고 그렇게 해서 여러분 자신을 '근원'에서 떼어내는 거고요.

❀ 젊은 시절 내가 한 행동들을 생각하면, 나는 참 운이 좋았다는 생각이 듭니다. 결국 내가 잘못한 것들이 다 들춰졌으니까요.……

하지만 일들은 항상 당신을 위해서 일어납니다. 그리고 당신이 한 행위는 벌을 받을 이유가 하나도 없어요. 그건 들춰내야 하는 게 아니었어요. 당신은 그저 당신의 길에서 조금 벗어났던 것뿐이에요. '근원'은 당신의 실수를 보지 않아요. 당신이 잘못이라고 생각하는 걸 보지 않습니다. 당신 자신이 한 실수, 다른 사람들이 한 실수를 들춰내는 것은 바로 당신입니다.

어린아이가 걸음마를 배우면서 넘어질 때 당신은 아이를 꾸짖으며 "일어나, 이 멍청이 꼬마야!"라고 말하지 않지요. 당신은 아이가 그렇게 넘어지면서 균형 잡는 법을 배운다는 걸 압니다. '근원'도 여러분 모두를 같은 식으로 보고 있어요.

⚙ 그래서 내가 그런 경험들을 좋게 느낄 수 있는 건가요?

'높이 나는 원반'에 서기를 원한다면 더 좋게 느낄 수 있어요.

✤   그렇군요.

여러분이 살아오면서 경험한 모든 것을 좋게 느끼는 '근원'으로부터 스스로를 분리시키지 않는 한, 아무도 자기를 돌아보며 정죄할 수 없어요.

✤   모든 것이라고요?

모든 것.

✤   나는 진정한 고상함nobility이란 다른 누구와 비교해 나은 것이 아니라 지난날의 자기와 비교해 나은 것과 관련된 말이라고 자주 얘기해 왔습니다. 그리고 나는 지난날의 나보다 지금의 내가 모든 점에서 더 낫다고 생각해요.

고상함을 과대평가했군요. 그건 사람들이 쓰는 말입니다. 하느님은 결코 고상함이라는 말을 쓰지 않아요. 어쨌거나 그 고상함이라는 게 무슨 뜻인가요?

❄ 음, 그러니까 그건 우리가 지금 말하는 '완벽함perfection' 비슷한 거지요.

좋아요. 하지만 완벽함이란 여러분이 결코 이룰 수 없는 것이고, 따라서 그런 건 없습니다. '완벽'이란 뭐가 끝났다는 얘긴데, 그런 일은 절대로 없어요. 고상함은 인간들이 '낮게 나는 원반' 위에 있으면서 서로를 비교할 때 쓰는 말들 가운데 하나입니다.

한 영혼을 나눠 가질 수 있는가?

❖ 우리가 영혼soul이라고 부르는, 우리 안에 있는 이것, 이 영혼을 다른 사람과 나눠 가질 수 있나요?

음, 그건 '의식Consciousness'이에요. 그리고 그건 하나의 '흐름Stream'입니다. 에스더는 아브라함에 접속할 때 우리가 '집단 의식'임을 느낄 수 있어요. 때로는 강도強度의 다름을 느낄 수도 있지요. 바로 지금 이 대화에서 에스더는 당신이 불러일으키고 있는 것 때문에 더 센 강도를 느낄 수가 있어요. 여기 그것을 설명할 좋은 방법이 있습니다. 제리가 비물질로 변환을 이루었을 때 에스더는 이미 오랫동안 아브라함한테서 영감을 받고 있었지요. 그녀는 아브라함의 이야기도, 또 자신이 아브라함과 진동적으로 맺고 있는 관계도 매우 편안히 받아들였어요. 그녀는 우리를 신뢰하지요. 그녀는 우리에 대한 느낌을 알아요. 그녀는 우리를 온전히 느낄 수 있습니다.

그리고 제리가 변환을 이루었을 때 그녀는 그가 단지 아브라함 수프soup의 일부가 되는 걸 원치 않았지요. 물론 그는 아브라함 수프의 일부이지만 그래도 그녀는 그를 특별한 방식으로 마음에 새겨두고 싶어 했죠. 그녀는 이미 아브라함을 알고 있었어요. 지금 그녀는 제리가 명백히 제리로 존재하기를 바라고 있죠. 우리가 나누고 있는 이 대화 내용에 그가 관심 갖기를 바라고 있어요. 그녀는 자기가 사는 가구에 그가 관심을 갖기 바라요. 왜냐하면 그가 늘 "그거 망가뜨리지 말고 잘 씁시다"라고 말했으니까요. 그녀는 물건을 새로 사서 집으로 끌고 올 때 자기가 그걸 조금이라도 망가뜨릴까봐 염려를 하지요.

그녀는 그가 그 모든 것에 대해 어떻게 생각하는지 관심이 있어요. 자기가 전에 알았던 그와 지금 알고 있는 그 때문에, 그녀는 자기를 관통하여 흐르는 '비물질' 존재로부터 제리라고 여길 만한 특성들을 느낄 수 있어요.

하지만 가장 중요한 건 에스더가 지금의 제리를 알아보기 위해서 과거의 제리를 잊어야 한다는 점이에요. 제리는 이제 자기가 좋아하지 않는 것이라고 해서 더 이상 밀어내지 않아요. 물질의 몸 안에 있는 동안 강하게 느꼈던 많은 것들에 더 이상 관심을 갖지 않습니다.

⚙ 어떻게 그걸 알지요?

제리가 자신의 새로운 시각에 맞게 그녀를 훈련시키고자 할 때 그렇게 하도록 그녀가 허락함으로써요. 지금 '비물질' 상태로 있는 그를 알아보기 위해서, 그녀는 그가 물질로 존재하던 때의 진동의 일부를 자기 기억에서 놓아버릴 필요가 있었어요. 그리고 그를 너무도 알아보고 싶었기에 그녀는 그렇게 할 수 있었지요. 그렇게 하면서 그녀는 훨씬 더 강력한 방식으로 자신의 '내적 존재'를 알아보고 있어요.

그건 에스더에게 놀라운 일이었지요. 그녀는 그를, 모두에게 사랑스럽고 친절하고 선한 사람으로 생각하면서 그와 함께 오랫동안 행복하게 살아왔어요. 그녀는 그가 자기를 이끌도록 하면서 순수한 기쁨 속에서 그를 따랐지요. 하지만 지금 그녀는 자기가 앞장서기를 그가 바란다는 것, 그리고 자기(에스더를 말함—옮긴이)가 찾는 그 정렬에 그가 한껏 취해 있다는 걸 알아가고 있어요.

✿   그것은 느낌을 통해서 아는 건가요?

그래요. 제리가 물질 몸 안에 있을 때, 에스더는 제리와 대화하면서 이렇게 말하곤 했어요. "당신이 이걸 어떻게 생각하는지 정말 알고 싶어요." 그러면 그가 그랬죠. "나는 내 생각을 당신이 정말 알고 싶어 한다고 보지 않아요. 당신 생각에 내가 동의해 주기를 바라는 거죠." 그리고 그건 어느 정도 맞는 말이었지요.

그러나 지금의 그녀는 그가 자기한테 동의하느냐 아니냐에 관심이 없어요. 정말로 그의 생각이 알고 싶은 거죠. 그 '순수하고 긍정적인 에너지'에 자기 진동을 맞추고 싶은 겁니다.

❄ 그가 옆에 오면 에스더에게 신호를 보내나요? 가구가 움직입니까? 책장에서 물건이 떨어지나요?

우리는 당신이 아버지한테 크게 반감을 품었지만 당신의 강한 욕구가 마침내 당신을 그 놀라운 용서의 순간으로 데려갔고, 그래서 당신이 완전한 정렬 속으로 돌아온 이야기를 앞에서 했지요. 지금 들려줄 제리와 에스더의 이 경험도 당신에게 많은 걸 말해줄 거예요.

제리가 비물질로 변환을 이룬 지 얼마 안 돼 에스더가 정말로 힘든 하루를 보내고 있었지요. 언니 진Jeanne을 만난 자리에서 에스더가 크게 소리를 질렀죠. "제리는 어디 있는 거야? 자기를 보여주겠다고 했는데, 지금 어디 있어? 그가 어디 있는지 알고 싶어. 그를 볼 수가 없어. 도대체 어디 있는 거야?"

바로 그 순간 책장에서 《사라Sara》라는 책이—에스더는 '사라'라는 소녀를 주인공으로, 아브라함의 가르침을 소개하는 소설을 썼지요—제리가 얹어둔 자리에서 미끄러져 떨어졌어요. 에스더는 자기가 강한 욕구를 표출하는 바

173

로 그 순간 제리가 자기 존재를 알려주었다는 걸 깨달았죠. 그게 이태쯤 전 일이었어요. 하지만 지금 에스더는 제리가 그런 바보 같은 게임을 하지 않으리라는 걸 알아요. 달리 말해서 그와 소통하려면 자신의 '참 자아'와 정렬해 있어야 한다는 걸 이제 알고 있다는 겁니다.

그녀의 집은 U자 모양인데, 침실에는 에스더가 침실에서도 볼 수 있고 거실에서도 볼 수 있고 풀장 건너편 사무실에서도 볼 수 있는 전등이 있어요. 그 불빛이 석영石英 돌담 위로 비치는데 그 불빛을 자기가 어떤 방에 있건 다 볼 수 있어요.

그녀가 정말 기분이 좋을 때는 그녀의 기쁨을 안다는 듯 그 불빛이 깜박거리지요. 그런데 슬프거나 외로울 때는 그 불빛을 바라보고 앉아서 "빛아, 깜박거려라"라고 아무리 말해도 깜박거리지 않는 거예요. 그는 그녀와 놀아주려고 낮은 원반 위로 내려오지 않아요. 그와 함께 놀려면, 자신이 속한 곳이자 그가 있는 곳으로 그녀가 올라가야 해요.

✿   내가 비물질로 변환을 이룰 때 내가 사랑하는 사람들을 만날
수 있을까요?

그럼요. 당신이 생각하는 모든 사람을 만날 수 있어요.

✿   변환하기 전에 그런 의도를 품는 겁니까? 내가 계속 그러고 있
거든요.

그래요. 하지만 당신이 변환을 이루기 전에 품는 의도
때문만은 아니에요. 당신은 자신의 '비물질' 포인트에서 지
구에서 일어나는 일들에 예민한 관심을 기울이고 있죠.
'비물질' 상태의 우리는 다차원적multidimensional이에
요. 우리는 '의식'이고, 당신이 — 당신의 물질 형태 안에
서 — 집중할 때면 언제나 당신과 함께 있지요. 예외 없이
요. 그러나 우리를 인식하려면 당신의 주파수를 맞출 필
요가 있어요.
당신의 가르침과 당신이 쓴 책들을 생각해 봐요. 당신이
더 이상 여기에 물질의 몸으로 있지 않고 '비물질'로 다시

나타날 때, 사람들이 당신이 쓴 책들을 읽고 있다는 걸 알게 될 거예요. 당신은 그것을 활용할 겁니다.

이것은 사람들이 받아들이기에는 너무 큰 개념이에요. 당신은 가끔 그런 생각에 압도당하는 걸 느끼지요. 제리가 '비물질' 상태로 변환한 뒤 한동안 에스더는 질투심을 느꼈어요. 그가 물질의 몸 안에 있을 때는 오로지 자기만 그의 눈길을 받았지만, 지금은 제리가 많은 사람들을 만나고 있으니까요.

주파수는 늘 거기에 있고 당신은 거기에 자신을 맞출 수 있습니다. 하지만 당신이 그 주파수를 '알아차리려면' 위로 올라가서 그것과 속도를 맞춰야 해요. 당신이 그럴 때, 그때 당신이 말하는 그 명료함이, 그 깨달음이 당신한테서 일어나는 것입니다.

당신 자신을 신뢰한다?

✿ 나는 "여러분이 자신을 신뢰할 때 여러분은 자신을 창조한 지혜를 신뢰하고 있는 것이다"라는 말을 자주 합니다.

여러분은 어떻게 신뢰에 이르나요? 여러분은 자신이 어떻게 신뢰에 이르는지 느껴야 해요. 신뢰하는 법을 여러분의 어머니한테서 배웠다면, 글쎄요, 어머니는 그 정도로 신뢰할 만한 사람이 못 돼요. 어머니가 정말로 기분이 안 좋은 상태에서 여러분한테 뭘 하라고 말할 수 있거든요.

그러므로 여러분 스스로 신뢰하는 법을 익혀야 합니다. 여러분의 '더욱 넓은 자아' 또는 당신이 말하는 '자신을 창조한 지혜'와 계속해서 정렬할 수 있을 때까지 좋은 느낌을 주는 생각들을 연습해야 한다는 얘기입니다.

여러분이 '높이 나는 원반'의 진동을 연습해서 의도적으로 그 진동을 하고 있다면, 여러분이 거기에서 미끄러지기 시작할 때 자신이 미끄러지고 있음을 알아차릴 것이고, 그러면 그에 대하여 뭔가를 할 수 있을 겁니다. 시간을 두고 연습을 한다면 여러분은 자신의 진동을 스스로 통제할 수 있어요.

여러분이 자신의 진동을 통제할 수 있을 때 첫 번째로 일어나는 일은 자기 존중감이 자리를 잡는 겁니다. 전 '우주'가 여러분을 돕고 있기 때문이에요. 여러분은 명료함을 느끼고, 모든 것이 술술 풀려나가지요. 그것은 여러분이 가려는 곳으로 여러분을 안내하는 길잡이와 같아요. 거기에 잘못된 걸음은 없습니다. 일들이 더 이상 어렵게 느껴지지도 않아요. 실제로 한때 어렵게 느껴지던 것들이 오히려 재미있게 느껴지지요.

무거운 가구 뒤로 무엇이 떨어졌는데 그걸 쉽게 꺼내지 못해서 고생하던 어느 날, 에스더는 자기가 '높이 나는 원반' 위에 전보다 훨씬 흔들림 없이 머물러 있다는 걸 알았지요. 그녀는 거기에서 물건을 꺼내려고 꾀를 내고 있는 자기를 보며 웃었어요. 두 달 전만 해도 욕설을 뱉으며 투덜거렸을 거예요. 하지만 지금 에스더는 자기가 가구 뒤에 있는 물건을 끄집어내는 것보다 훨씬 중요한 일을 하는 사람이라면서 불평을 하는 것이 아니라, 그것을 어떻게 꺼낼 수 있을지 궁리하는 걸 그저 즐기고 있는 겁니다.

인생이란 게 사실 그런 순간들과 그런 순간들과 그런 순간들 아닌가요? 사람들은 꿈같은 휴가나 꿈같은 관계, 꿈같은 자동차, 꿈같은 직장을 기다리고들 있지요. 그런데 우리는 말합니다, '나중'은 절대 오지 않는다고. 왜냐하면 있는 건 언제나 지금, 지금, 지금, 지금, 지금뿐이니까요. '지금' 정렬, 아니면 아닌 겁니다. '지금' 정렬, 아니면 아닌 거예요.

여러분이 '지금' 정렬하고, '지금' 정렬하고, '지금' 정렬할 수 있음을 스스로에게 보여줄 때, 지금 여러분은 자신이 의도한 대로 살고 있는 것입니다.

❂ 우리가 정렬에서 어긋났고 따라서 그 상태를 바로잡아야 한다는 생각이 든다면, 그때 우리는 최대한 그 생각을 멈춰야 하나요? 어

떤 식으로든 그런 생각이 우리 잠재의식 속에 박혀 있는 것 같아서 하는 말입니다.

말하자면 그렇습니다.

✿   우리는 그런 생각을 한 뒤에 깨닫지요. '방금 나는 판단하는 생각을 했어. 이제 다시는 그러지 않을 거야.' 나는 뒤로 돌아가서 생각을 고쳐야 해요. 그리고 나서 행동을 고쳐야 하고요.

그래요. 하지만 여러분은 불필요하게 속도를 늦추고 있어요. 어려운 방식으로 그걸 하려고 하기 때문입니다. 여러분이 잠들어 있는 동안에는 여러분의 원동력이 멈춥니다. 그러다 막 깨어나면 여러분은 저항이 없는 상태에 있기 때문에 '높이 나는 원반'을 찾기가 더 쉽습니다. 그때 저항 없는 그곳에서 원동력이 커지는 것입니다. 그것이 일을 훨씬 쉽게 하는 방법이에요.

여러분이 바꾸고 싶은 행동이 없을 거란 얘기가 아닙니다. 물론 있지요. 그러나 여러분이 무엇을 하려고 일부러

애쓸 때, 여러분은 자기가 바라는 것에 반대되는 진동을 일으키지요. 그리고 여러분이 정말로 그럴 마음이 없는 한은 실제로 여러분은 허용의 진동이 아닌 저항의 진동을 일으키고 있는 것입니다.

생각 바꾸기와 마음 고쳐먹기

⚛   이 대화가 내 마음을 바꿔놓을 수는 있겠지요. 하지만 예컨대 마음을 고쳐먹는 일은 우리의 잠재의식을 재프로그래밍하는 거라고 생각합니다.

'근원'은 아무도 용서하지 않아요. 애초에 아무도 정죄하지 않으니까요.

⚛   애당초 비난을 하지 않는다!

여러분이 다른 사람을 '근원'이 느끼는 방식으로 느낄 때 여러분은 '근원'과 일치되어 있는 겁니다. 여러분은 아마도 그걸 용서forgiveness라고 부르는 것 같고, 우리는 그걸 정렬alignment이라고 부르지요. 그리고 여러분은 그 느낌에 사로잡히는데 그 이유는 그들을 미워하는 것보다 사랑하는 것이 더 좋은 느낌을 주기 때문이에요.

✦ 오, 예.

에스더는 몇 번이나 우리에게 이렇게 말했죠. "글쎄요, 아브라함, 그 사람에 대해 당신한테 좀 더 말할 필요가 있겠네요. 그 사람을 향한 당신의 무조건적인 사랑이 조금은 비현실적인 것처럼 보이거든요."

하지만 있잖아요, 무조건적인 사랑은 그게 여러분이 할 일이기 때문에 하는 사랑이에요. 그것이 여러분의 '참 자아'예요. 조건부 사랑 안에서 여러분은 이렇게 말하지요. "당신이 행동을 바꾼다면, 내가 당신을 사랑하겠다." 하지만 그건 여러분과 그들 모두에게 올가미예요. 왜냐하면 지금 어떤 행동이 적절한 것인지를 여러분이 규정하려 하고 있으니까요. 그러면 아무도 기분이 좋지 않아요. 여러분은 무엇이 옳고 그른지에 서로 의견이 맞지 않고, 그래서 상

대방한테 미친 듯이 화를 내지요. 여러분이 그러고 있는 동안에도 '근원'은 여러분 모두를 사랑하고 그래서 아주 좋은 기분을 느끼고 있답니다.

더없이 행복한 치유 경험

☼   3년쯤 전 나는 백혈병 진단을 받았습니다. 그에 따른 일련의 경험들을 했지요. 그런데 브라질의 아바디아니아에 사는 어떤 사람이 있어요. 영어로 '하느님의 존John of God'이라는 이름으로 불리는 사람이지요. 지금, 영적 존재entity들이 어떤 사람 몸에 들어갈 수 있는지 아닌지를 묻고 있는 이 나는 누구인가요? 내가 '하느님의 존'과 함께 바로 그 놀라운 경험을 했거든요.(백혈병 진단을 받은 웨인 다이어는 2011년 4월, 하와이 마우이에 있으면서 멀리 브라질에 있던 '하느님의 존'으로부터 '영적 존재'들을 통한 원격 시술을 받은 뒤 놀라운 신비 체험들과 함께 순수한 사랑을 경험했다고 한 인터뷰에서 밝힌 바 있다―옮긴이)

그건 그의 '웰빙' 진동이 예수처럼 월등히 높기 때문이에요. 그리고 당신의 기대가 그것을 가로막지 않았기 때문이고요. 당신이 그 경험을 허용한 것입니다.

☸   나는 다시는 혈압을 체크하거나 하는 일을 하지 않았어요. 그냥 내 느낌을 따랐을 뿐인데, 느낌이 좋았거든요. 그 일로 참 많은 것이 변했어요. 그중 가장 중요한 변화는, 40년 넘게 4천만 명을 치료한 그 사람을 통해 치유 경험을 한 뒤로 사물들이 달리 보이게 되었다는 거예요.

그때 아이들 둘이 마우이에 나랑 같이 있었지요. 방 밖으로 나가다가 아이들을 보았는데 아이들이 전과는 완전히 다르게 보였어요. 아이들은 마치 순수한······

당신은 아이들을 '근원'의 눈으로 보고 있었어요.

☸   그래요, 순수한 사랑으로요. 나는 울고 있었지요. 두 팔로 딸을 껴안고서 그 아이한테 참 아름답다고 말했어요. 나는 아들을 꼭 껴안았습니다. 바다를 보았는데, 그게 마치 사랑의 바다처럼 보였어요. 나는 야자나무들을 보았고······

당신은 정렬 속으로 감화되어 들어간 겁니다.

✪   예, 그게 무척 강력했어요. 2주 뒤('하느님의 존'으로부터 원격 시술을 모두 마친 뒤로부터 2주 후—옮긴이), 71세 생일이 되는 날 아침을 맞았습니다. 당시 나는 샌프란시스코에 가서 용서 등을 주제로 한 영화를 만들고 있었지요. 〈나의 가장 위대한 교사My Greatest Teacher〉라는 제목으로, 아버지에 관련된 영화였어요. 그날 내가 하기 원했던 일은 오로지 주는 것이었어요. 그렇게 생일을 보내본 적은 한 번도 없었습니다. 결코 잊을 수가 없네요.

나는 아래층으로 내려갔죠. 나한테는 50달러짜리 지폐로 2천 달러 정도 되는 돈이 있었어요. 나는 유니언 광장으로 가서 아침 일곱시부터 저녁 다섯시까지 노숙자들을 껴안고 지폐를 나누어주었습니다. 플라스틱 물병을 수집하는 늙은 여인들, 고약한 냄새를 풍기는 사람들, 이런 사람 저런 사람들……

나는 그냥 지복至福의 상태였어요. 순수한 사랑의 상태였죠. 내가 원한 건 주는 게 다였어요. 그냥 주고 싶었을 뿐입니다. 그냥 섬기고 싶었어요. 그리고 그 일은 나에게 아주 큰 영향을 미쳤지요. 그게 내가 'LOVE'라는 글씨가 새겨진 셔츠를 입는 이유이고, 내가 '신성한 사랑'에 대한 책을 쓴 이유이며, 여기에서 우리에게 '신성한 사랑'이라고 불리는 어떤 것을 가르치는 당신한테 이야기하고 있는 이유입니다. 지금 여기 당신의 현존 앞에 있는 것이 나로서는 얼마나 황홀한 일인지요.

백혈병에 걸렸다는 말을 들음과 동시에 드는 감정이 두려움이에요. 죽는 것에 대한 두려움은 그렇게 크지 않습니다. 하지만 '암癌'이라는 단어에 수반되는 두려움은 아주 커요. 백혈병은 혈액 암이에요. 우리 사회에는 암에 걸린 사람이 정말 많죠.

내게는 아니타 무르자니Anita Moorjani라는 친구가 있습니다. 《그리고 모든 것이 변했다Dying to Be Me》(한국어판 제목 — 옮긴이)라는 책에 자신의 임사 체험 이야기를 썼지요. 그녀는 자신이 암에 걸렸으며, 그것이 얼마나 심각했는지, 그리고 자기가 어떻게 회복될 수 있었는지 책에 썼습니다. 그녀는 "그건 그냥 온통 두려움뿐이야. 온통 두려움뿐이야"라고 했죠.

영적 존재들이 '하느님의 존'을 통해서 나에게로 왔고, 내 안으로 들어와서 암에 연관된 두려움을, 그게 어떤 것이든 가져갔고, 그 자리에 대신 사랑을 가져다놓은 것처럼 느껴졌습니다.

우리는 좀 다르게 말하고 싶군요. 두려움을 없앤다고 한다면, 그건 아니에요. 사랑을 강조한 것은, 네, 그건 좋아요. 그래서 '웰빙'의 진동이 아주 높았던 거고요.

이건 흥미로운 주제예요. 여기 물질의 몸 안에 있는 사람들은 모두 자기네가 변환할 것임을 알고 있으니까요. 그런데도 대부분의 사람들은 죽는 것을 부적절한 일로 여기지요. 만약 물질 몸에서 벗어나는 것이 저항이 가장 적은 길 같아 보인다면, 그때 여러분은 여기에서 물질 몸을 가지고 산다는 것이 어떤 느낌인지 개인적으로 결정을 내린 것입니다.

달리 말해서 여러분이 원치 않는 게 무엇인지 명료하게 알면, 그것이 여러분이 원하는 게 무엇인지 명료하게 아는 데 도움이 된다는 겁니다. 그리고 지금 여러분이 있다고 생각하는 곳과 있고 싶은 곳 사이에 커다란 틈이 있다면, 그것은 매우 불편한 일입니다. 모든 두려움이 거기에 있어요. 하지만 여러분이 그 틈을 좁힐 때 정말 놀라운 안도감을 느끼게 됩니다.

그래서 우리는 '치유'를 우리가 늘 이야기하는 '정렬'이라는 카테고리에 넣고자 하는 것입니다. 하지만 우리는 여러분이 죽음이라고 부르는 경험 안에서 진정한 정렬이 아주 크게 이루어진다는 점도 말하고 싶습니다.

따라서 요점은 지금 물질 몸 안에 있으면서 자기가 무엇을 의도하는지 말하고 있는 여러분 자신이에요. 왜냐하면 결정은 여러분이 하는 거니까요. 여러분이 재미를 느끼고, 뜻 깊은 경험을 하고, 삶이 이런저런 것들 앞에 여러분을 데려다놓는 방식을 즐기는 한, 여러분이 이번 생에 경험하는 대비들을 통해 계속 선택을 하면서 새로운 의도들을 지어내지 못할 이유가 없습니다. 그리고 '근원'이 그 모든 일에서, 그것이 무엇이든, 여러분을 도와줄 겁니다.

그것은 참으로 여러분의 선택입니다. 그러나 많은 사람이 질병에 대해 생각할 때 자기한테 선택의 여지가 없다고 믿지요. 그래서 여러분이 두려움을 느끼는 겁니다. 여러분이 두려움을 느끼는 건 자신의 상황을 '근원'과는 반대되는 쪽으로 보기 때문이에요. 두려움이란 단지 여러분이 '근원'과 다른 견해를 가질 때 느끼는 감정일 뿐입니다.

'하느님의 손'이 당신한테 어떻게 했나요? 다른 모든 사람들처럼 당신도 그 '에너지 흐름'에 스스로 접근할 수 있어요. 더 강한 '에너지'가 당신한테 흐르도록 해줄 중개인 같은 건 필요 없습니다. 하지만 그가 당신에게 주의를 기울인 덕분에 당신은 더 강한 기대를 가질 수 있었어요. 달리 말해서 그가 정렬에서 벗어난 당신의 진동을 어루만져 정렬을 회복하도록 도왔던 겁니다.

✿   다시 한 번 말해주세요. 그건 정말 아름다운 경험이었어요.

당신이 그에게 집중한 덕분에, 당신을 위해 내내 있어온 '에너지'를 받아들일 수 있는 길을 찾게 된 겁니다. 그가 '에너지'를 받아서 당신에게 행사한 게 아니라요. 여러분은 치유 '에너지'를 당신들한테 행사할 어떤 존재도 필요 없어요. 여러분 모두 그 '에너지'에 바로 접근할 수 있습니다. 그는 당신이 기대를 갖도록 도왔을 뿐입니다. 그에 대하여 당신이 듣고 안 것 덕분에 당신의 기대가 바뀌었고, 그래서 두려움이 없었던 겁니다. 그에게 집중함으로써 두려움이 사라졌고, 그때 치유가 이루어진 거예요.

✿   그 치유는 사랑의 느낌 비슷한 것이었어요.

정렬, 명료함. 정렬을 서술하는 데 '명료함clarity'이라는 단어보다 좋은 건 없지요. — 명료함, 앎, 의문 없음. 그렇죠?

✿   네. 그리고 '이제 나는 명료하게 볼 수 있어요.' 그건 내 인생에서 서명署名할 만한 순간들 가운데 하나예요.

그래요. 여러분을 묶어 맨 말뚝들이 높다란 것처럼 느껴졌으니까요. 하지만 말뚝들은 결코 높지 않아요. 달리 말해서 여러분은 자신이 원하는 모든 것을, 그게 무엇이든 할 수 있고 될 수 있고 가질 수 있어요. '근원'은 언제나 여러분 뒤에 있습니다. 말뚝들이 높은 것처럼 느껴지는 바로 그때 여러분은 더욱 집중해서 정렬을 찾게 되지요.

✿   그것이 내 안에 그저 섬기기만 바라는 마음을 불러일으켰어요. 내 에고를 여기에서 퇴출시키려고요.

당신은 섬기지 '않을' 수 없어요. 당신이 주파수가 맞춰져 있고, 같은 박자로 움직이고, 스위치가 켜져 있을 때, 당신은 위성 안테나처럼 됩니다. 말하자면 신호를 더 가까이 끌어와서 다른 사람들이 그것에 주목할 기회를 만들어주지요. 당신이 '웰빙' 신호에 계속 정렬해 있다면, 당신이 송출하는 그것에 다른 사람들이 접속할 기회가 더 커지는 거예요. 이것이 우리가 앞에서 계속 말해온 것입니다. 사람들이 정렬 상태와 비정렬 상태를 왔다 갔다 하는데, 당신이 주파수가 맞춰졌다 안 맞춰졌다 한다면 그들이 당신을 만나더라도 혜택받을 기회가 그만큼 없어지는 거예요. 하지만 당신이 계속해서 정렬 상태에 있으면, 그들은 '당신과 근원과의 긍정적인 연결'에 접속할 더 많은 기회를 갖게 되지요.

그리고 이와 관련해 가장 흥미로운 사실은 당신이 먼저 정렬됨으로써 당신 자신을 섬기지 않으면 남들을 섬길 수 없다는 것입니다. 당신이 그 '에너지'에 주파수를 맞추지 않으면 다른 사람들한테 줄 것이 없습니다.

◎   아브라함, 우리 문화, 특히 미국에는 너무 많은 암癌이 있고 너무 많은 병이 있고 너무 많은 두려움이 있는 것 같아요. 죽음을 두려워한다는 의미의 두려움을 말하는 게 아닙니다.……

우리 그걸 잠시 원동력이라고 불러봅시다.

◎   좋아요.

그걸 원동력이라 생각하고, 주변에서 어떤 일이 일어나는지 지켜보세요. 원동력이 계속해서 작용하는 것을 눈여겨보면서, 그러나 동시에 당신이 바라지 않는 것이 무엇인지 알 때 해결책 또한 계속 거기에 있음을 인식하라는 말입니다.

그러므로 비록 당신네 사회의 대부분이 해결보다 문제 쪽에 초점을 맞추고 있더라도, 그렇게 되는 과정 속에 이미 해결책이 들어가 있는 겁니다. 그리고 당신 같은 이들이 그것과의 정렬을 더 많이 찾고 있는 거고요.

❀   그러니까 우리가 이 두려움을 걷어낼 수 있다면…… 그러면 암 비율이 낮아질 거라고 생각하나요?

아무렴요. 그리고 당신 말을 참 잘했어요. 당신은 "우리가 이 두려움을 걷어낼 수 있다면……" 여기까지 말하고, 그리고 멈추었지요.

❀   그랬어요.

두려움은 정렬되지 않은 데서 나오는 결과예요. 그것은 여러분의 생각을 자기가 원치 않는 쪽으로 너무 돌리지 말고 자기가 원하는 쪽으로 돌리도록 돕기 위해 있는 것입니다. 그건 많은 사람들에게 기꺼이 '더 좋은 느낌의 주파수'에 닿고자 노력할 것을 요구하죠.

그러나 대다수 사람들은 자신들이 묶여 있는 말뚝이 정말 높다고 느끼기 전까지는 기꺼이 천박함 원반 위에 있으려 해요. 당신도 알다시피, 여러분 가운데 많은 사람이 자기가 진정으로 원하는 것에서 그토록 멀리 떨어져 살아가는 이유는 여러분이 정말 못된 사람들이라서가 아니에요. 여러분이 정말 끔찍한 짓을 했기 때문도 아니고요. 여러분이 자연스러운 정렬 진동으로부터 오랫동안 벗어나 있었기 때문입니다. 그러니 여러분의 느낌에 조금만 더 주의를 기울이면, 더 많은 시간을 더 좋은 느낌 속에서 보내기로 결심하면, 그러면 그것이 여러분을 '웰빙'과의 정렬 속으로 돌려보내 줄 것입니다.

유전자 조작 식품 등

🌼　좋습니다. 여기 내가 보기에 아주, 아주, 아주 중요한 문제가 있어요. 그게 그러니까……

[장난기어린 투로] 그래서, 그래서 지금 당신은 그걸 더 활성화시켜서 원동력을 키우고, 그리고 그것의 진동을 익히고 싶은 건가요?

🌼　그게 말하자면……

그래요? 그래요? 그래요? 그래요?

🌼　[장난기어린 투로] 품위 좀 지켜요, 스티브 잡스. 그러니까 삶의

순환—그게 동물 왕국이든 식물 왕국이든 인간 왕국이든 아니면 광물 왕국이든 간에—이란 그 작용 방식이 한 세대의 씨가 다음 세대의 씨에 생명을 주고 그렇게 하면서 다음 세대, 그 다음 세대로 생명이 이어져가는 것이라 생각해요. 이 식물의 씨가 다음 세대, 그 다음 세대의 식물에 생명을 주는 식으로요.……

[장난기어린 투로, 웨인이 가려는 곳으로 끌려가지 않겠다는 듯이] 우리는 당신을 아주 많이 사랑합니다. 예, 예, 예, 예, 예.

✿　좋아요. 그건 인간의 경우에도 마찬가지예요. 그런데 지난 한두 세대 사이에 가공할 변화가 일어났어요. 예를 들면 지난 30년 사이에 자폐아 출생 비율이 1만 명에 1명 꼴이었던 게 100명에 1명 꼴로 급격히 높아졌단 말입니다.

그건 그들이, 여러분처럼 자기네 존재의 자유를 주장하며 태어나고 있기 때문이에요. 그래서 그들은 말하지요. "나는 아주 다르게 살겠다. 당신들은 둥근 나무못을 네모난 구멍에 박으려 하지 마라."

✿ 오케이. 우리 문화에서는 비만증이 극적으로 증가하고 있습니다. 나는 그 원인이 우리나라가 대식가들의 나라가 되었기 때문이라고는 생각하지 않아요. 우리가 먹는 식품의 유전자를 변형시키기 시작한 데 그 원인이 있다고 봅니다.

그래요. 음, 여러분은 지금 잘못된 곳들에서 사랑을 찾고 있습니다. 여러분은 느낌이 좋은 음식보다 맛이 좋은 음식을 찾고 있죠. 여러분은 정렬의 관점에서 살아가지 않고 그저 공허함을 채우려고만 해요. 여러분은 기분이 고약하거나 문제가 마구 꼬였을 때 뭐 먹을 게 없나 찾고 있는 자신을 본 적이 없나요?

✿ 하지만 실제로 일어난 일은 우리가 식품의 유전자를 변형시켰고, 그래서 다음 세대를 위한 씨앗이 밀이나 옥수수에서 나오는 것이 아니라 몬산토Monsanto(미국에 본사를 둔 다국적 생화학 제조업체—옮긴이)에서, 식품에 대한 특허권을 독점한 거대 회사들한테서 나온다는 겁니다. 우리는 지금 그 회사들의 허락 없이는 밭에 씨앗을 심을 수조차 없어요.

당신 말에 우리가 동의하지 않는 건 아니에요. 하지만 지금 이 문제를 잘 알고 있는 당신 같은 사람들이 모종의 욕망의 로켓들을 발사하면 어떻게 될까요?

⊛ 계속 그러고 있지요.

식품이 어떻게 잘못되었는가 하는 대화 대신 결과가 어찌되기를 바라는지를 놓고 대화를 한다면요?

⊛ 내가 지금 그러고 있어요.

당신이 '웰빙'의 진동을 위한 빛이 된다면 어떨 것 같아요? '근원'을 등에 업고 또 이러저러한 세계를 만들어낼 정도의 영향력까지 갖추고서 당신이 거기에 스포트라이트를 비춘다면? 그것이 월등히 높은 진동이라면? 그러면 어찌될 것 같아요?

당신이 아버지 무덤을 찾아갔던 날, '근원'이 당신을 통하여 흐르면서, 비록 당신이 다른 무언가를 하려고 그곳에 갔지만 그 일을 하지 못하고 말았던 것과 똑같은 방식으로…… '근원'의 진동이 월등히 높으니까 문제보다는 해결책에 초점을 맞추는 사람이 되는 건 어떤가요? 해결책보다 문제에 초점을 맞추는 게 인간들이 잘못해 온 유일한 일이에요. 여러분은 스스로 원하는 것을 분명한 말로 표현하는 대신 원치 않는 것을 이야기하는 데 너무 많은 시간을 쓰고 있어요. 그래서 여러분이 원치 않는 일에 여러분의 파동과 원동력이 더 많이 몰려 있는 겁니다.

✿ 하지만 우리가 원치 않는 것을 알아차려야 하지 않나요? 나는 유전자 조작 식품을 우리 가족이 먹는 걸 원치 않아요.

물론. 하지만 들어봐요. 바로 이 대화에서도 당신이 원치 않는 것을 이야기하는 데 쓰는 시간과 당신이 원하는 것을 이야기하는 데 쓰는 시간의 길이를 비교해 보세요.

✿ 압니다. 그래서 그와 관련해 뭔가 하고 있는 거예요.

사람들이 다른 별에서 식료품을 수송해 오는 것도 아니고, 종자들도 모두 여기에 있는 것들이란 걸 생각해 봐요. 식품을 개량하고 가공하는 과정에서 인간에게 유익한 뭔가를 발견했다면 그거 근사한 일 아닌가요? 그런 일이 이미 일어났거나 일어날 수 있다면 당신은 그것을 기꺼이 받아들이지 않겠어요?

하지만 당신은 원치 않는 것을 반대하는 데 너무 열심인 나머지 그것이 주는 혜택을 경험하지 못하도록 스스로를 막아버리고 있어요. 그래서 결국 여러분은, '낮게 나는 원반들' 위에서 서로 싸우며 어느 곡물더미가 제일 안 좋고 어느 곡물더미가 좀 나은지 따지는, 아무도 '근원'에 파장을 맞추지 않는 세상에서 살아가게 됩니다. 그에 반해 어떤 사람들은 그런 모든 것을 옆으로 밀쳐두고, 거기에서 비롯하는 욕망의 혜택을 취하면서 살아갑니다. 그들은 이제 자신의 '소용돌이'로 돌아가 자신을 '웰빙'에 공명하지 못하도록 막는 온갖 문제들에서 벗어나며, 제시(이 책의 '부모와 자녀 사이의 역학 관계'라는 글에 나오는 두 살배기 어린아이. 어린아이들은 모두 근원 에너지와 정렬되어 있다—옮긴이)라는 어린아이처럼 여러분이 공명할 수 있는 무언가를 찾으며 살아갑니다. 그리고 그런 어린아이를 바라보는 동안 여러분은 자신이 갈망해 온 좋은 것들을 삶에 불러들이게 됩니다.

사람들이 잘못 생각하는 것은 문제를 찾아, 그 원인을 알아내고, 그것과 씨름을 해서, 제거해야 한다고 믿는 것입니다. 우리는 여러분이 제거해야 할 원인 따위는 없다는 것을 알았으면 합니다. 여러분은 그저 진동하는 원동력을 보탤 따름이에요. 그런 식으로는 여러분이 원하는 바를 얻을 수 없습니다.

반면에 그런 것에 얽매이지 않는 사람들, 거기에 눈길을 주지 않는 사람들은 더 나은 길을 찾을 수 있어요. 대중들이 야단법석을 떨며 성내고 날뛰고 서로 싸울 때, 어느 스티브 잡스나 어느 빌 게이츠는 기술 공학에 혁명을 일으킬 해결책을 찾지요. 누구에게나 그럴 능력이 있어요. 여러분은 문제로 보이는 것들의 수렁에 빠져 허덕이는 대신 자신이 바라는 것에 집중하기만 하면 됩니다.

네, 그래요. 여러분은 그것을 눈으로 보기 전에 먼저 믿어야 합니다.

❀ 그거 좋은 책 제목이군요.

최고지요. 최고의 책 제목이에요. 그게 모든 걸 말해주고 있죠. 여러분은 자신이 원하는 것을 믿는 법을 찾아야 해요. 자기가 원하는 걸 믿지 않으면 자기가 원하는 게 올수 없으니까요.

❀ 음. 나는 공영 텔레비전의 수많은 특집 방송에 출연해 사람들과 관계를 맺었는데요, 이 사람들과 미국과 캐나다를 비롯해 전 세계에 알리기로 합의한 게 있어요. 뭐냐면……

그거 참 놀라운 계획이군요. 우리는 다만 한 가지만 요청 드립니다. 당신이 '높이 나는 원반' 위에 탄 다음에 사람들에게 당신이 알고 있는 바를 말하라는 것입니다. '근원'의 진동이 당신과 함께하게 하세요. 될 수 없는 일이 아니라 될 수 있는 일에 대해서 말을 하세요. 당신이 지금 있는 곳에 대해서가 아니라 가려고 하는 곳에 대해서 말을 하세요. 당신이 처한 혼란스러운 상황에 대해서가 아니라 가능한 일에 대해서 말하세요. '높이 나는 원반' 위에 있으면서 '근원'이 당신을 통해 말하게 하세요. 늘 그렇게 해야 합니다. 단지 그것에 대해서 말할 때만이 아니라요.

☸ 글쎄요, 그게(유전자 조작 식품을 가리킴—옮긴이) 날 몹시 열 받게 해요. 알아요, 분노의 상태에 있다는 것이⋯⋯ 아시겠지만 나는 아직까지 그것을 그런 방식으로 생각해 본 적이 없어요.

영화 제작자들은 많은 사람들이 '높이 나는 원반'의 영화보다 천박하고 병적인 영화를 보러 간다는 사실을 알고 있어요. 그래서 그들의 목적이 관객 수와 순위에 있다면, 그들은 최대한 많은 사람들한테 어필하는 영화를 만들겠지요. 하지만 그건 여러분의 '참 자아'가 아니에요. 여러분은 하느님에게 어필하는 영화를 찍어야 해요. [장난기어린 투로] 우리는 그 한 가지를 위해 정말 온 힘을 다 쏟았죠.

☸ 잠깐요, 당신은 그러니까, 회사들이 종자를 소유하고 있다는 걸 인정 못한다는 건가요?

'끌어당김의 법칙'이 고장이라도 났나요? 당신은 우리가 멀쩡한 '끌어당김의 법칙'이 고장 났다고 말하길 바라는 겁니까? 우리가 알고 있는 건 하나의 원동력이 지속되고 있다는 것이고, 세계가 분노하고 있다는 것이며, 그래서 그것에 집중하는 사람이 늘면 늘수록 그 원동력이 더 커진다는 것이에요.

또한 그들이 원치 않는 게 무엇인지 더 잘 알수록 그들이 원하는 게 무엇인지 더 잘 알게 될 것이고, 바로 거기에 티핑 포인트tipping point(작은 변화들이 어느 정도 기간을 두고 쌓여, 이제 작은 변화가 하나만 더 일어나도 갑자기 큰 영향을 초래할 수 있는 상태가 된 단계—옮긴이)가 있다는 것도 우리는 알아요. 우리는 여러분이 그 티핑 포인트에 이르기까지 아주 오래 고통을 겪어야 한다고는 생각하지 않습니다.

❀ 좋아요. 방금 당신이 한 말이 우리가 어떻게 식품을 공급받기 원하고 우리 아이들이 얼마나 건강하기를 원하는지에 집중할 수 있는 그 티핑 포인트에 이르게끔 우리를 도와줄 수 있겠네요.

아, 여러분이 잘 익은 과일을 나무에서 직접 따 먹은 게 언제였나요? 여러분은 그 과일을 먹어도 괜찮다는 걸 알기 위해서 라벨을 읽어야 했던가요? 여러분이 '참 자아'에 정렬되어 있을 때 여러분에 관한 모든 것이 여러분으로 하여금 그게 완벽한 식품임을 알게 하지 않나요?

❀ 나는 마우이에 살고 있어요. 그곳의 모든 과일이 더 이상 속에 씨가 없습니다. 파파야 유전자는 모두 변형되었어요. 전에는 파파야를 열고 '내가 씨를 발려서 땅에 뱉으면 거기에서 파파야가 자라나겠지' 생각했지요. 하지만 이제는 더 이상 그럴 수 없게 되었죠. 그러려면 우리는 몬산토로 가야 해요.

아, 우리가 여러분한테 말해줄 것이 참 많아요.

❀ 나는 씨 없는 수박을 먹고 싶지 않아요. 유전자가 변형된 거니까요.

그것들 모두 유전자가 변형되었나요?

✿ 마우이에 있는 것들의 99퍼센트가요.

그러면 그렇지 않은 것 하나를 집어서 마음껏 즐기세요. 그리고 말해요. "나한테는 이게 최고다. 이것이 내가 지지하는 것이다. 이것이 내가 장려하는 것이다." 왜냐하면 여러분이 원치 않는 것에 반대할 때 여러분은 그 원치 않는 것의 진동을 익히게 되기 때문입니다. 그러면 '끌어당김의 법칙'이 여러분에게 몬산토를 데리고 와서 여러분이 진동으로 요청한 그걸 줄 거예요.

✿ 그건 부당해요. 그게 나 때문이라면…… 이건 실제로 일어난 일이에요.……

글쎄요, 지금 하는 말들이 당신이 별 관심이 없던 것이라면 당신은 이 강력한 욕망의 로켓을 발사하지 않았을 거예요. 또한 세계들을 창조한 '비물질 에너지'에게 당신을 도와달라고 호소하지도 않았을 겁니다. 달리 말해서 이 대화로 인해 우리는 전에 한 번도 가본 적이 없는 곳까지

가보게 되었어요. 이 대화의 결과로 '우주'가 그만큼 확장된 겁니다. 당신이 문제를 꼬치꼬치 따져 묻지 않으면 당신은 해결책을 찾을 수 없어요. 다만 문제를 꼬치꼬치 따져 묻는 걸로 그치지 마세요. 당신이 문제를 따지고 있는 동안에는 해결책을 찾을 수 없으니까요. 문제와 해결책은 진동의 주파수가 다릅니다.

비난하고 싶은 기분이 든다면, 그러는 당신이 아무리 정당하다 해도 당신을 해결로 인도하지 않아요. 당신이 옳다는 것을 알면서 다른 사람과 논쟁을 벌여본 적이 있나요? 당신은 그들에게 당신 생각을 말합니다. 그런데 그래서 그들이 오히려 더 강해지고, 더 강해지고, 더 강해지지 않던가요? 그건 불난 집에 기름을 붓는 것과 같아요.

정치 세계에 대한 아브라함의 견해

❀ 오늘날 정치판에서 벌어지는 일들을 보면 서로 자기가 옳다고 주장하는 두 진영의 대립처럼 보입니다. 그러니 타협의 가능성은 조금도 없죠.

음, 그들은 생각하기를 멈추었어요. 그리고 그들은 느끼지도 못해요. 하지만 모든 걸 잃은 건 아니에요. 왜냐하면 유권자들이 제대로 기능하는 정부가 들어서길 바라고 있으니까요.

그리고 여러분 유권자들이 할 일이 있어요. 만약 여러분이 정치인들이 하는 행동을 보고도 그냥 여러분의 화를 돋우도록 놔둔다면, 여러분은 자신의 힘을 찾지도 못하고 여러분의 바람 또한 채워지지 않을 거예요.

몇 년 전 우리는 한 여성과 전화로 이야기를 나눈 적이 있어요. 그때 에스더는 아직 개인 상담들을 하던 때였는데, 그 여성은 한 번도 이런 상담 경험이 없었어요. 그 여성은 우리한테 짜증이 났죠. 그녀와 아무 진전도 보지 못하고 있어서 우리가 말을 했어요. "우리 게임 하나 할까요? 당신이 세 가지 주제를 정해요. 그러면 그것들에 함께 집중해 보는 겁니다."

그녀가 "왜요?"라고 하더군요.

우리가 말했죠. "뭔가에 저항하는 생각들로부터 당신을 떨어뜨려 놓고 싶어서요. 저항이 없을 때 당신이 원하는 많은 것들이 당신한테로 흘러들기 시작할 테니까요."

"좋아요. 어떤 걸로?" 그녀가 물었지요.

우리가 대답했어요. "청색 유리 같은 것. 청색 유리에 얼마나 아름답고 다양한 색깔과 질감이 묻어나는지 들여다본 적 있어요?"

"아뇨, 없어요. 전혀. 그런 것에는 정말 흥미가 없어요."

"나비들에 대해서는요? 나비들의 다양함, 나비들의 수명, 나비들의 끈질김, 나비들의 아름다움에 대해선 생각해 본 적 있나요?"

"난 나비들도 전혀 관심 없어요."

"깃털에 대해서는 생각해 봤어요? 깃털은 사방에 널려 있지요. 온갖 피조물에 유익을 주는 온갖 종류의 깃털들." 그러자 그녀는 우리한테 짜증을 내면서 전화를 끊었어요.

그날 제리와 에스더는 캘리포니아 라호야에 있었고, 그래서 그 상담이 있은 뒤에 둘은 함께 저녁을 먹으려고 조지네로 갔어요. 제리는 상담에 대한 얘기를 아직 듣지 못한 상태였고, 에스더도 그것을 머릿속에 담아두지 않았죠. 그들이 라 발렌시아 호텔을 지나 라호야 중심가를 걸어가고 있을 때였는데, 갑자기 에스더가 한 가게에 들어가고 싶은 강한 충동이 들어서 제리를 잡아당겼죠. 제리는 가고 싶지 않았지만, 에스더가 강하게 끄는 바람에 그녀를 따라 가게 안으로 들어갔어요. 그러자 가게 안으로 들어가는 통로와 뒷벽으로 둘이 전에 본 적 있는 청색 유리가 정말 놀라운 모습으로 진열되어 있는 거였어요. 그들은 청색 유리를 원치 않았어요. 청색 유리를 살 마음도 없었고. 하지만, 그런데도 거기 청색 유리가 있었던 겁니다.

그들은 아무것도 사지 않고 가게를 나왔고, 조지네로 가서 저녁을 먹은 뒤, 라호야 만 쪽으로 걸어 내려갔어요. 그들 생각에 그곳은 바다와 육지가 서로 만나는 가장 아름다운 장소였지요. 그들은 그곳을 사랑했어요.

그들이 잔디밭을 가로질러 벼랑 쪽으로 걸어가는데, 나비들이 무리를 이루어 미친 듯이 그들을 에워쌌어요. 둘은 나비가 입으로 들어오지 못하도록 말하던 것을 멈춰야 했지요.

❀　정말이요?

아직도 에스더는 그것을 전화 상담과 연결 짓지 못했죠. 그런데 그때 서너 살쯤 되어 보이는 아시아계 소년 하나가 에스더를 보면서 풀밭을 건너질러 달려왔어요. 손에 뭔가를 들고서 말예요. 소년이 곧장 에스더에게 오더니 깃털 하나를 손에 쥐어주었어요.

바로 그 순간 에스더는 모든 게 확연해졌죠. 그녀는 두 시간도 채 안 되는 사이에 '우주'가 아무 저항 없이 제시된

213

세 가지 주제를 모두 만족시켜 주는 가장 저항이 적은 길을 매우 분명하고 매우 기발한 관현악으로 편성해서 보여 줬다는 사실을 깨달은 겁니다.

그래서 우리는 여러분한테, 저항감이 별로 들지 않는 어떤 것—대의大義나 사명이나 인생의 목적이나 혹은 여러분이 중요하게 생각하는 어떤 것이 아니라—을 선택하고 그에 대해 생각하기를 권합니다. 그냥 아침에 일어나면서 어떤 것을 편한 마음으로 고른 다음 그에 대해서 가볍게 생각을 하는 거예요. 그러고는 '우주'가 얼마나 기발한 방식으로 당신이 그것과 만나도록 도와주는지 지켜보는 겁니다.

여러분이 충분한 시간을 들여 이렇게 한다면 여러분이 할 수 없는 일은 없다는 사실을 알게 될 것입니다. 여러분이 자신의 진정한 바람에 주파수를 맞출 때 '근원'이 그러한 바람을 지닌 여러분과 함께하고, 저항에 부딪침 없이 모든 일이 가능해지기 때문입니다.

그리고 온갖 종류의 일들이 일어나기 시작합니다. 사람들은 자기 눈으로 보고 있는 것에 놀라서 묻겠지요. "이 정치인들이 무슨 일을 하고 있는 거야? 저들이 정말로 서로 이야기를 나누고 있어. 저렇게 말하는 사람들이 아닌데. 이성을 되찾은 것처럼 보이네. 실제로 함께 일을 하기 시작했어."

많은 사람들, 예컨대 학식과 목적 의식을 가진 뛰어난 정치인들이 한 자리에 모여서 합리적인 태도로 서로가 하는 말에 귀를 기울이고, 자기들 안에 있는 '근원'에 주파수를 맞추며, 이 아이디어가 누구 것인지 누구한테 이 공이 돌아갈지 따지지 않고 다만 아이디어의 완벽함에만 몰두한다면 그게 정말 멋진 일 아니겠어요?

이것은 여러분이 만들 수 있는 세상이에요. 그리고 이는 그런 방식에 초점을 맞추는 약간의 사람들만 있으면 됩니다. 하지만 여러분이 정치인들의 잘못을 계속 지적하고만 있다면, 여러분은 그 잘못된 것에 원동력을 더 보탤 것이고, 여러분의 목적은 이루지 못할 것입니다. 그리고 여러분은 자신의 진정한 궤도를 벗어날 것이고, 그 과정에서 나쁜 기분을 느끼게 될 것입니다. 그러고는 여러분 기분이 그런 것이 남들 때문이라며 비난하겠지요.

여러분은 힘 있는 창조자들이에요. 여러분은 현실에 맞서는 사람들이 아니에요. 여러분은 현실을 창조하는 사람들입니다.

✻ 그러면 극도로 포학하고 극도로 사악하고…… 그렇게밖에는 안 보이는 일들에서도요?

사람들이 포학하면 할수록, 여러분의 욕망은 더 강해지고, '근원'은 그 욕망에 더 가까이 있지요. 여러분은 우리가 이해하는 것에 지금 당장은 이를 수 없어요. 하지만 늘 자기 존중감이 가득하고 기꺼이 큰 문제를 떠맡고 큰 해결책에 초점을 맞추게 될 때까지, 가까운 데서부터 자신의 느낌에 귀 기울이는 연습을 해야 합니다.

✻ 그때 분노가 우리에게 동기를 부여하지 않나요?

동기 부여motivation는 영감inspiration과 완전히 다른 것이에요. 동기 부여는 그냥 불쾌감을 줄 뿐이죠. 영감은 항상 좋은 느낌을 줍니다. 동기 부여는 첫걸음이에요. 우리는 그 첫걸음을 부인하지 않아요. 다만 그 첫걸음에 너무 오래 머물지는 마세요. 당신을 고단하게 하고 불평불만에 가득하게 하고 냉소적이게 만들어요. 그때 여러분은 정치인으로 되는 겁니다.

웨인 다이어와 아브라함의 이벤트를 마치며

우리, 언어로 표현할 수 있는 것 이상으로 소통할 수 있어서 즐거웠어요.

⚛　저도요.

저 너머의 세계를 생각해 본다는 건 정말 즐거운 일이에요. 거기에 당신을 위한 큰 사랑이 있어요. [청중을 가리키며] 그리고 여러분 모두를 위한 사랑도 있답니다.

⚛　고맙습니다.

우리는 완전해요.

에스더 헤이 하우스에 감사드립니다. 여러분 모두 고마워요. 정말 대단한 날이었어요.

웨인 다이어 고맙습니다. 뭐랄까, 주체하기 힘든 기분이에요. 나는 저들이 누군지 모릅니다. 하지만 저들이 이런 감정을 불러일으키는 존재들이란 건 알겠어요. 여러분, 사랑합니다. 안녕히 가세요. 와주셔서 감사해요.

옮긴이의 말

나이 탓일까? 전에 잘 보이던 것들은 잘 보이지 않고, 전에 안 보이던 것들이 조금 보이기 시작한다. 흔히 인연이라는 말로 표현되는, 보이지 않는 끈이 보인다.

사람과 사람 사이에만 인연이 있는 게 아니다. 사람과 사건, 사건과 사건, 사물과 사물 사이도 육안으로 볼 순 없지만 아주 선명한 끈으로 치밀하게 연결되어 있다. 그것이 서로 맺어지면 안 만날 수 없고, 그것이 끊어지면 안 헤어질 수 없다. 그리고 그 모든 인연이 한 치도 어긋나지 않는 시간표에 따라서 맺어지고 끊어진다. 그렇다. 우주가 그 어느 것도 소외시키지 않고 하나로 살아있는 유기체다.

지금 '비물질' 존재로 변환되어 새롭게 출현하고 있는 웨인 다이어와 아직 '물질 존재'로 이 땅에 살고 있는 나의 만남도 이렇게 말고는 설명할 길이 없다. 이 인연의 끈을 연결하는 데 동원된 샨티의 친구들에게 고맙다. 그래, 이 것도 인연이다. 모든 인연이 아름답다.

웨인 다이어 박사의 글을 몇 차례 옮겨봤지만 이번 건 좀 달랐다. 만만치 않았다. 내용이 낯설기도 했지만, 그보 다는 그것을 전하는 말법이 도무지 낯설었다. 외계인이 어 쩌다가 영어를 배워서 말하는 그런 느낌이었다. '죽음'이라 는 말을 쓸 자리를 '변환'이라는 말이 채우고 있다. 뭐 그 건 그렇다 치고 동사나 주어도 평소 우리에게 익숙한 대 로 사용되지 않는 경우가 많았다. 조금 고민하다가 내 번 역 스타일은 아니지만 직역에 가까운 방식으로 옮기기로 했다. 바로 그 낯선 표현 자체에 이 책의 생명인 신선함이 살아있고 그냥 그대로 하나의 메시지일 수 있다고 생각했 기 때문이다. 읽는 이들이 이 점을 참고해 주셨으면 한다. 본문을 찬찬히 자세히 읽어보면 이 말이 무슨 뜻인지 이 해되실 것이다. 그리고 틀림없이 이 책과 본인 사이에 맺어 진 인연에 대하여 흥미롭고 고마운 느낌이 들 것이다.

그렇다. 아직 대중大衆까지라고는 할 수 없어도 이런 책을 만나야 할 사람들이 하루하루 늘어나고 있음은 부인할 수 없는 고맙고 반가운 현실이다. 우리는 지금 누구도 거역할 수 없는 지구별의 대변혁 물굽이를 통과하는 중이다. 굉장히 신기롭고 재미있고 그리고 무엇보다도 평화스러운 세계가 우리를 가까이에서 기다리고 있다. 내 눈엔 그게 보인다.

2018년 여름

무무无無 이현주

샨티의 뿌리회원이 되어
'몸과 마음과 영혼의 평화를 위한 책'을 만들고 나누는 데
함께해 주신 분들께 깊이 감사드립니다.

개인

이슬, 이원태, 최은숙, 노을이, 김인식, 은비, 여랑, 윤석희, 하성주, 김명중, 산
나무, 일부, 박은미, 정진용, 최미희, 최886규, 박태웅, 송숙희, 황안나, 최경실,
유재원, 홍윤경, 서화범, 이주영, 오수익, 문경보, 여희숙, 조성환, 김영란, 풀
꽃, 백수영, 황지숙, 박재신, 염진섭, 이현주, 이재길, 이춘복, 장완, 한명숙, 이
세훈, 이종기, 현재연, 문소영, 유귀자, 윤홍용, 김종휘, 보리, 문수경, 전장호,
이진, 최애영, 김진회, 백예인, 이강선, 박진규, 이욱현, 최훈동, 이상운, 김진
선, 심재한, 안필현, 육성철, 신용우, 곽지희, 전수영, 기숙희, 김명철, 장미경,
정정희, 변승식, 주중식, 이삼기, 홍성관, 이동현, 김혜영, 김진이, 추경희, 해
다운, 서곤, 강서진, 이조완, 조영희, 이다겸, 이미경, 김우, 조금자, 김승한, 주
승동, 김옥남, 다사, 이영희, 이기주, 오선희, 김아름, 명혜진, 장애리, 신우정,
제갈윤혜, 최정순, 문선희

단체/기업

샨티 이메일로 이름과 전화번호, 주소를 보내주시면 샨티의 신간과
각종 행사 안내를 이메일로 받아보실 수 있습니다.

이메일 : shantibooks@naver.com
전화 : 02-3143-6360 팩스 : 02-6455-6367